L'ÉNERGIE DES ARBRES

L'ÉNERGIE DES ARBRES

Patrice Bouchardon

LE COURRIER DU LIVRE

21, rue de Seine – 75006 PARIS

Gaïa Books Ltd publie des ouvrages destinés à célébrer Gaïa,
notre planète vivante et souhaite aider ses lecteurs
à vivre en harmonie avec eux mêmes et avec leur environnement.

Edition	Katherine Pate
Graphisme	Lucy Guenot
Réalisation	Lyn Kirby
Directeur d'édition	Pip Morgan
Directeur	Joss Pearson, Patrick Nugent

Publié au Royaume Uni par :
Gaïa Books Ltd, 66 Charlotte Street, London W1P 1LR
et 20 High Street, Stroud, Glos GL5 1AZ
Internet : www.Gaiabooks.co.uk

© Le Courrier du Livre, 1999, pour la traduction en langue française
    21, rue de Seine – 75006 PARIS

ISBN : 2-7029-0398-3

Imprimé et relié en Italie par Printer Trento Srl.

Avertissement :
Les techniques, idées et suggestions contenues dans ce
livre n'engagent pas l'éditeur, elles seront appliquées aux
seuls risques du lecteur. Consultez votre médecin.

À Sylvie, Nils, et Iona

REMERCIEMENTS DE L'AUTEUR :

En terminant l'écriture de ce livre, mes pensées se tournent vers tous ceux qui, depuis treize ans, ont participé à mes différents séminaires.

Je tiens à les remercier chaleureusement pour toutes les fois où, émerveillés par une expérience, ils m'ont permis d'apercevoir dans leurs yeux cet éclair qui vient de l'âme. Ce fut chaque fois pour moi un encouragement silencieux, car rien ne me motive plus que de voir un individu s'éveiller, fût-ce une seconde, à ce qu'il est profondément.

Je remercie tous ceux qui concourent à cette tâche et qui s'investissent souvent avec beaucoup de dévouement et de générosité dans l'organisation de mes séminaires. Parmi eux, mes pensées vont spontanément à Monique Fonjallaz, Lieve Bonne, Heidi et Francis Girardet qui m'ont ouvert les portes de leur cabinet et m'ont permis d'affirmer mes talents de thérapeute. Je remercie tout particulièrement Lieve Bonne pour la stimulation et, parfois, la surprise qu'elle me procure en me demandant d'aller toujours plus loin et ainsi de faire avancer et progresser mon travail.

Je remercie également Esterine Scotton, qui bien qu'elle les croit petits possède de … grands talents d'organisatrice.

Pour ce premier livre, j'ai bénéficié d'une grâce spéciale le jour où l'équipe de Gaia est venue à ma rencontre. Cette collaboration m'a beaucoup enrichi car chaque remise en question fut toujours empreinte de compréhension et de respect mutuels.

Merci à Eleanor Lines qui eut la bonne idée de me contacter et avec qui nous avons construit les bases de ce livre. Merci à Pip Morgan qui a su faire rebondir le projet grâce à sa compréhension aussi intelligente que sensible de ce que j'avais à exprimer.

Merci à Katherine Pate qui m'a aidé à clarifier mes idées et à structurer cet ouvrage.

Merci à Lucy Guénot pour son sens de l'harmonie et du beau ainsi que pour sa compréhension du sujet (excepté pour la spirale de la conscience).

Je remercie Eric Berrut pour sa disponibilité et pour la générosité avec laquelle il a mis à ma disposition ses connaissances de la langue française.

Merci à Helen Caradon pour son implication sans limite. Je voudrais la remercier pour son sérieux et sa disponibilité, ains que pour ses commentaires qui m'ont souvent été précieux.

Sommaire

Introduction

Depuis ma plus tendre enfance, les arbres m'ont attiré. Je me souviens que mes yeux y restaient accrochés de longs moments et souvent mon esprit voyageait vers des mondes fascinants. Au-delà de leur majesté et de leur beauté, je rencontrais une présence mystérieuse qui m'émerveillait et me touchait au plus profond de l'âme. Je sentais bien qu'un échange avec eux serait l'occasion de pénétrer un royaume immense et merveilleux, mais je n'ai jamais rencontré un enseignant capable de satisfaire à ma demande. Aussi mon intérêt pour les arbres s'est dissipé.

De nombreuses années plus tard, avec mon épouse Sylvie, nous eûmes l'occasion de nous occuper, seuls, d'une ferme, pendant quatre mois, alors que les propriétaires étaient partis pour un voyage. En l'espace de trois jours, nous avons échangé notre vie de citadins pour une vie de fermiers en charge de 150 animaux : vaches, chèvres et moutons. Nous n'avions alors aucune connaissance des animaux, mais cette naïveté excita notre curiosité et nous conduisit à un apprentissage différent. Lorsqu'un problème se présentait avec un animal, notre seule ressource était de nous installer face à lui, de le regarder dans les yeux et de tenter d'établir un dialogue. Cela nous obligea à explorer des moyens plus subtils de communication, au-delà de la réalité du langage.

Progressivement, nous avons appris à nous libérer de nos incertitudes et notre écoute s'est affinée. Intérieurement, nous sommes devenus plus paisibles, plus disponibles, et nous eûmes plus d'espace intérieur pour écouter ces animaux. Tout notre travail reposa alors sur cette relation intime que nous avons établie avec eux. Lorsque je me rappelle cette expérience, avec un recul de plus de treize ans, maintenant, je réalise combien elle fut un tournant décisif dans ma vie. Elle représenta une rupture totale avec les processus d'apprentissage traditionnels. Des portes s'ouvrirent vers des ressources inconnues et la réalité nous apparut sous un jour nouveau, une réalité plus vivante, plus présente. A ce moment, je sus que, pour découvrir la vie, je disposais de ressources bien plus vastes que celles qui sont valorisées dans l'enseignement traditionnel. Je compris également que je pouvais transformer chacune de mes curiosités en expérience. Le questionnement de mon enfance me revint : «Qu'est ce qu'un arbre ?»

Le contact avec les animaux nous avait fait découvrir de nouveaux comportements. Ces nouveaux comportements nous permettraient-ils de rencontrer les arbres ?

C'est avec ces questions que nous nous sommes installés dans une cabane située dans un immense massif montagneux du centre de la France.

Cette cabane était entourée de vastes forêts. Il n'y avait pas la moindre trace de civilisation, ni route, ni construction, ni promeneur. Nous étions seuls dans un face à face prometteur avec des milliers d'arbres. Ils semblaient être là pour nous, prêts à partager leurs secrets. Ils paraissaient nous inviter, mais il nous appartenait de faire le pas suivant, de montrer notre disponibilité et d'aller vers eux.

Mais comment faire pour rencontrer un arbre ? Il est là, face à vous, immobile, avec toute sa simplicité et sa force. Il semble être disponible, mais il n'attend rien, il n'espère rien. Tous les signes usuels que nous connaissons lors d'un échange avec des gens ou même avec des animaux s'avèrent vains. Au début, nous les avons observés, nous extasiant face à tant de beauté et de majesté. Mais allions-nous consacrer ces quatre mois à cette seule observation ou allions-nous réussir à aller plus loin. Nous avons alors commencé à faire usage de nos sens : nous les avons touchés, nous les avons sentis, nous avons goûté les bourgeons lorsque cela était possible. Nous avons placé notre oreille contre le tronc, pour vérifier qu'il n'y avait aucun bruit dans un arbre. Mais, à notre grande surprise, nous avons constaté que ce que nous espérions être silencieux s'avéra bruyant. Chaque exploration était riche de surprises. Ce que nous attendions amer se montrait doux, ce que nous imaginions doux s'avérait être amer ou rêche, ce qui aurait dû être rigide se montrait flexible. Pour découvrir la réalité de ces arbres, nous devions abandonner nos idées, nos préjugés, nos a priori et nous consacrer à l'expérience dans l'instant présent. Seule l'expérience méritait d'être considérée. Ce fut un apprentissage laborieux, mais cela se révéla être la seule voie possible pour accéder au langage des arbres.

Nous apprîmes à nous méfier de nos attentes. Il est très tentant de chercher à retrouver les sensations agréables vécues lors d'une expérience passée, mais cela ne laisse pas de place à une nouvelle découverte.

A l'étape suivante, nous nous rapprochâmes encore de l'arbre. Adossés au tronc, nous avons réalisé que certaines de nos sensations évoluaient : des douleurs s'atténuaient, des malaises disparaissaient, notre digestion se faisait plus aisée, notre respiration devenait plus libre. Nous sommes allés d'un arbre à l'autre et nous avons constaté que chacun déclenchait un état intérieur spécifique.

En poursuivant notre exploration, nous avons vérifié l'impact de l'arbre sur notre état intérieur. Nous arrivions tristes près d'un merisier et nous repartions joyeux, nous arrivions fatigués près d'un pin et nous repartions pleins de vigueur, nous arrivions pétris de doutes près d'un hêtre et nous repartions sereins. Loin d'être fugaces, ces effets se prolongeaient et, après un temps d'adaptation, nous avons appris à les rechercher consciemment.

Peu à peu, nous avons réalisé que chaque arbre est porteur d'une certaine qualité et que celle-ci varie d'une espèce à l'autre. Certaines d'entre elles manifestent de la fluidité, alors que d'autres nous offrent leur douceur ou leur ouverture.

Depuis maintenant plus de douze ans, nous préparons des huiles qui sont porteuses des qualités que nous avons trouvées dans les arbres. Ces huiles sont une aide merveilleuse pour tous ceux qui veulent se soigner autrement et développer une attitude plus créative face à leurs difficultés.

Tout au long de ce livre, j'aimerais vous offrir quelques clefs pour que vous puissiez faire vos propres expériences. L'expérience reste irremplaçable, elle est la base de la découverte de soi et du monde.

Recommendations personnelles

Dans mon travail, que ce soit en séance individuelle ou avec un groupe, l'idée directrice qui m'inspire est d'aider chacun à devenir plus autonome et indépendant afin qu'il dépasse les limites de son conditionnement et qu'il établisse, ainsi, un contact avec la conscience, source de vie universelle.

Les exercices présentés dans ce livre vous guideront dans cette exploration de vous-mêmes. Le résultat de vos expériences sera parfois fort différent de vos attentes. Plutôt que de vous demander pourquoi cela ne s'est pas déroulé selon vos espérances, observez plutôt quelle partie de vous à été touchée par cette expérience et constatez ce qui vous a été donné de sentir, de réaliser et de comprendre. La règle immuable qui doit présider à chacune de vos expérience est de rester présent à votre vécu : la seule question qui mérite notre attention étant «Comment ça s'est passé pour moi ?»

Entrez dans chaque exercice avec l'esprit le plus ouvert possible. Laissez vos attentes. Soyez prêt à ce que rien ne se passse, ainsi vous serez disponible pour découvrir ce que vous vivez réellement. Ne permettez pas aux regrets de gacher vos expériences, ne laissez pas de place aux «Je n'ai pas trouvé le bon arbre» ou «Il fait trop froid.». Restez dans l'instant présent en cherchant à découvrir toujours plus ce qui se passe en vous et autour de vous. Le présent est le seul instant ou quelque chose de nouveau peut arriver.

Mes observations et les exercices vous invitent à une découverte des qualités énergétiques présentes dans les arbres plutôt qu'à une exploration botanique. Je me suis appliqué à parler des arbres et non de certains types d'arbres. Les exercices et les descriptions que vous découvrirez tout au long de ce livre sont applicables quelle que soit la région du globe dans laquelle vous vivez. Vous pourrez les faire aussi bien dans un bois, dans un parc ou dans votre jardin. Chacun pourra ainsi

expérimenter le lien qui le relie à la nature et y trouver de nouvelles possibilités de connaissance de soi et d'évolution.

Dans le chapître 1, nous explorerons l'histoire de notre relation à la nature et son déroulement au fil du temps. Dans le chapître 2, nous dresserons un parallèle important : l'attitude que nous avons face à la nature est analogue à celle que nous avons face à la maladie ou face à nos difficultés. En fait, ces attitudes sont révélatrices du fonctionnement de notre conscience. Ce constat nous permettra d'approcher toute difficulté comme un processus de transformation et de changement. La compréhension de l'aide que les arbres nous apporteront deviendra alors beaucoup plus claire. Les exercices du chapître 3 vous aideront à affiner votre perception des arbres et à découvrir comment ils accompagneront votre cheminement personnel. Le chapître 4 sera consacré à la description des qualités des neuf arbres avec lesquels j'ai préparé des huiles. Enfin, le chapître 5 proposera des exercices et des techniques pratiques pour travailler avec l'énergie des arbres et pour trouver un bien-être sur les plans du corps, de l'âme et de l'esprit.

Lors de votre prochaine promenade en forêt, laissez votre être se mettre en résonance avec ce qui l'entoure et vous découvrirez alors une source de paix et de sérénité. Cette merveilleuse aventure vous conduira au coeur de vous-mêmes et, à travers cette rencontre intime, vous vous comprendrez mieux et vous trouverez votre véritable force. Se connecter aux arbres est un puissant moyen de se relier à la force de vie présente en nous et tout autour de nous.

Patrice Bouchardon

Chapitre 1

Notre relation à la nature

Les deux éléments qui sont le plus communément cités comme symboles de la nature sont l'arbre et la fleur. La fleur est empreinte de l'idée de domestication. On peut la couper, la planter. Familière à l'homme, elle rentre dans sa maison et elle est invitée à la plupart des célébrations heureuses ou douloureuses. Sa beauté fascine, mais elle reste éphémère.

L'arbre, lui, est perçu comme le représentant de la forêt, cet espace de nature préservé où subsiste encore une certaine virginité. Les arbres font partie intégrante du patrimoine de l'humanité.

En observant la diversité des attitudes dans la littérature et la philosophie, nous verrons comment les penseurs ont été à la fois les initiateurs et les témoins d'un lent processus d'évolution qui nous a conduit d'une conception de la nature empreinte de magie qui inspirait le respect et la peur, à cette conception mécaniste qui autorise une emprise totale sur le monde vivant.

Depuis les temps les plus anciens, l'arbre a été un symbole de force, de pouvoir, de sagesse, de fertilité et de vie. L'universalité du symbole reflète quelque chose d'inné en nous qui nous connecte avec l'arbre à un niveau bien plus profond que ce que l'on imagine.

Un des premiers symboles déterminant de l'arbre nous vient de la Bible. Selon la Genèse, Dieu planta un jardin en Éden et y plaça l'homme «avec des arbres séduisants à voir et bons à manger». Parmi eux l'arbre de vie, symbole de l'immortalité et l'arbre de la connaissance du bien et du mal.

La symbolique de l'arbre s'est développée autour de ces deux axes : immortalité, contact avec l'éternel et connaissance dans son acceptation de sagesse.

L'arbre de vie

De nombreux mythes sur la création placent l'arbre comme élément central. Dans la mythologie nordique, le grand arbre Yggdrasil était le pilier, l'axe du monde. Ses racines soutenaient le monde inférieur et maintenaient la cohésion parmi les esprits de la terre. Son tronc gérait le monde intermédiaire et l'homme tandis que ses branches étaient en correspondance avec les dieux.

Dans plusieurs mythes Africains, l'homme est né d'un arbre, l'espèce variant selon les régions.
Le grand héros de la tribu nomade d'Afrique du sud-ouest des Hottentots est Heitsi-Eibib, qui vient du mot *heigib* et signifie «le grand arbre».

Dans la Kabbale, l'enseignement ésotérique de la tradition Juive, les clés symboliques sont les séphiroths qui incarnent chacune une qualité divine. Elles sont représentées comme les fruits qui poussent sur l'arbre de vie, et les liens qui les relient entre elles résument les étapes du cheminement de l'âme vers l'éternité.
L'arbre de la Boddhi, sous lequel le Bouddha atteignit l'illumination, est encore un Arbre du monde et un Arbre de Vie : dans l'iconographie primitive, il représente le Bouddha lui même.

Pour les shiites Musulmans, l'arbre qui a atteint le septième ciel est le symbole de *hakikat*, l'état de béatitude dans lequel le mystique dépassant la dualité des apparences se trouve réunifié avec la Réalité suprême. Dans la tradition indienne, Dieu, source de toute vie, est la racine de l'arbre, alors que le tronc et les branches symbolisent les premières communautés humaines qui se sont développées autour d'idées spirituellement pures, proches du créateurs. Les feuilles représentent la fraternité des êtres humains. Avec l'effet du temps, le tronc s'est développé et le lien originel direct avec la source s'est distendu. Pour aider l'humanité à retrouver ses origines, plusieurs prophètes furent envoyés – Abraham, Bouddha, Le Christ, Mahomet – apportant leur message de paix, d'amour et de liberté, chacun créant alors une nouvelle branche de l'arbre. Chacune d'elles crée une multitude de langages, de sectes, de cultures et de religions. C'est le début du chaos qui étouffe l'arbre. Mais l'arbre donne néanmoins des graines qui transportent l'essence divine et deviennent chacune l'expression de l'esprit divin.

Il y a un paradoxe apparent dans le symbole de l'arbre de vie. L'arbre semble puiser ses forces dans la terre par ses racines, alors que l'homme puise de son côté ses forces à sa source divine, dans les cieux. Ce paradoxe se reflète dans les multiples représentations d'arbres renversés que l'on trouve dans de nombreuses traditions. Dans les textes Védiques et les Upanishads, l'univers est figuré comme un arbre renversé qui déploie ses racines dans le ciel et dont les branches s'enfoncent dans le sol. Dans ces images, les branches tiennent lieu de racines et les racines de branches implantant la force de vie dans la terre.

Dans une tradition similaire, les Lapons sacrifient un boeuf chaque année en offrande au dieu de la végétation. A cette occasion, ils placent près de l'autel du sacrifice, un arbre, les racines dirigées vers le ciel et la couronne posée au sol.

Lors de leurs cérémonies, les sorciers de certaines tribus australiennes procèdent de même : ils répètent ce geste symbolique en plantant un arbre magique en station inversée.

Les feuillus qui se dépouillent et se régénèrent à chaque cycle annuel sont une image de la régénerescence permanente, un symbole de la vie en perpétuelle évolution. Ils nous montrent également l'importance de la mort dans un processus vivant.

Autrefois, dans certaines contrées, il était de tradition de planter un arbre à la naissance d'un enfant. Cet arbre qui croit verticalement vers le ciel était censé lui rappeler les vertus de la verticalité, de la maturité et de la responsabilité.

Ainsi en va t-il des générations sur terre
Allant dans la tombe, mais renaissant dans l'utérus (le ventre de la mère),
Survivant toujours au péril des changements
Qui régénère le monde ; comme les feuilles
Que le vent glacial et mordant de l'année mourante
Ont dispersées sur le sol de la forêt
Jusqu'à ce que de l'herbe vivante réémerge une forêt…

Percy Bysshe Shelley
Queen Mab, V

Cette régénérescence cyclique en fait également un symbole fort de fécondité, d'abondance et de prospérité. Au Moyen-Orient, on rencontre, isolés dans la campagne, souvent près d'une source, de beaux arbres couverts de mouchoirs rouges que des femmes stériles sont venues nouer pour conjurer le sort.

Selon la coutume dravidienne, dans le sud de l'Inde, on marie entre eux deux arbres substituts des époux. Le couple plante deux arbres côte à côte, l'un représentant l'homme et l'autre, la femme. Ils protègent les deux arbres par un enclos, afin qu'ils puissent s'épanouir et qu'ils assurent, grâce à leurs fruits, la fertilité et la descendance du couple.

Dans plusieurs peuplades d'Amérique du nord, chez les Sioux, en Afrique chez les Boshimans et les Hottentots, on unit les époux à un arbre. Traditionnellement on le choisit porteur de fruits, afin que sa fertilité puisse être le témoin de leur union.

Les Waramungas, tribu du nord de l'Australie, croient que l'esprit des enfants, petit comme un grain de sable, se trouve à l'intérieur de certains arbres, d'où il se détache parfois pour pénétrer par le nombril dans le ventre maternel.

En Allemagne, à Hidesheim lors du mardi gras, les femmes étaient symboliquement flagellées avec des branches de sapin afin qu'elles puissent porter des enfants.

L'arbre de la connaissance

L'histoire rapporte que Saint Louis, roi de France du XIII° siècle connu pour son intégrité et sa vertu, rendait la justice sous un chêne. Dans la plupart des villages Africains se trouve un «arbre à palabres» sous lequel ont lieu des débats coutumiers entre les anciens d'une même communauté villageoise.

Cette notion d'arbre de sagesse, centre de la société, se trouve bien résumé dans l'arbre de paix des Iroquois. Alors que la nation iroquoise vivait divisée et en pleine anarchie, «l'Homme de Paix « vint. Après avoir pris contact avec chaque division, il en rassembla les leaders près du lac Onondaga pour le premier concile de la réconciliation. C'est à cette occasion qu'il leur transmit les instructions pour construire une nation unifiée et en paix. Cinq nations différentes furent

«Rendez un arbre bon, et son fruit sera bon ; rendez le mauvais et son fruit sera mauvais. Car c'est au fruit qu'on reconnaît l'arbre.»

Evangile selon Matthieu XII, v 33.

20

L'arbre en nous

Dans le corps humain, la plupart des systèmes physiologiques sont organisés, selon une structure, en arbre. Le
sang circule à partir du coeur qui peut être considéré
comme la racine du système sanguin, puis s'écoule dans
les branches – les artères et les veines – pour s'étendre
jusque dans les plus fines extrémités – les petits vaisseaux.
D'une manière analogue, dans le système respiratoire,
l'air entre par les narines et se propage dans les bronches
qui se ramifient vers les alvéoles pulmonaires. De leur
côté, les messages du système nerveux se développent à
partir du cerveau vers la moelle épinière puis, vers les
nerfs dont les ramifications ne sont pas sans évoquer
celles de l'arbre.

❷ *Dans une situation donnée, nous
réagissons toujours de manière identique.
La réaction habituelle est le tronc de
notre comportement.*

❶ *Le modèle de l'arbre peut illustrer nos
processus émotionnels et mentaux. Une
émotion est toujours déclenchée par un
événement ou une expérience qui semble être
la cause de notre mal-être. Pourtant la vraie
raison, la racine, est à chercher dans les
profondeurs de notre inconscient, tout comme
l'arbre puise une perte de son existence dans
les profondeurs de la Terre.*

❸ *Poussés par nos émotions, nous sommes face à des choix, à l'image des branches qui se divisent.*

❹ *Quand nous progressons dans nos choix, nous produisons des fruits, doux ou amers ... tout comme l'arbre.*

❺ *Nous pensons le problème résolu et nous le retrouvons sous une forme différente, dans un contexte nouveau. De manière analogue, les graines de l'arbre restent en terre pendant une période et un nouvel arbre réapparaît.*

La structure en arbre est évidente lorsqu'on observe l'arbre bronchique (à droite) et l'organisation des vaisseaux sanguins (image du fond).

réunifiées. Il leur donna comme symbole le Pin blanc qui possède des rameaux de cinq aiguilles qui se resserrent en une seule. De plus, il déterra un grand Pin blanc, découvrant ainsi une énorme cavité au fond de laquelle coulait une rivière. Il leur fit déposer les armes au fond du trou et replanta le Grand Pin blanc qui possédait quatre longues racines blanches qui s'étendaient selon les quatre points cardinaux. Il leur dit que tous ceux qui souhaiteraient la paix pourraient suivre une de ces racines et ainsi trouver refuge sous le Grand Arbre. La paix ainsi scellée a duré plusieurs siècles, jusqu'à ce qu'arrivent les Européens avec les intentions que l'on sait. En Juin 1776, les diplomates iroquois se réunirent à Philadelphie pour un congrès continental. Le président John Hancock les accueillit comme des frères, reconnaissant leur apport pour l'instauration de la liberté, du respect des lois et de la démocratie. Trois semaines plus tard, la Déclaration d'Indépendance était signée et une nouvelle démocratie était née. L'arbre de paix devint le symbole du gouvernement des nouveaux Etats Unis. Le Pin blanc devint l'arbre de la liberté qui flotta sur les drapeaux coloniaux. Comme arbre de paix, le Pin Blanc est un symbole unique de gouvernement ancré dans le monde vivant de la nature. Il rappelle que la paix procède d'un ordre naturel.

L'arbre accompagne souvent la naissance d'une ère nouvelle. En France, après la révolution, entre 1789 et 1792, soixante milles arbres de la Liberté furent mis en terre. Les Belges ont également planté des arbres pour célébrer l'indépendance du nouveau royaume en 1830. De nombreux pays ont adopté l'arbre comme symbole national. L'érable est devenu indissociable du Canada, sa feuille orne d'ailleurs son drapeau, comme le cèdre orne celui du Liban. L'état de l'Illinois a adopté, après un vote en 1907, le chêne blanc comme emblème, alors que la province du Transvaal, en Afrique du Sud, a choisi le baobab.

L'arbre est également adopté comme logo par de nombreuses entreprises comme symbole de prospérité et d'expansion. Les constructeurs informatiques Apple et Bull ont choisi l'arbre comme symbole de communication, qui rappelle que le traitement de l'information par un ordinateur s'effectue selon des arborescences.

L'image de l'arbre sert également à marquer l'implication écologique de l'entreprise.

L'arbre et les traditions

Les Japonais marquent le nouvel an en plaçant deux pins de taille identique de chaque côté de la porte d'entrée de leur maison. Selon la tradition shintoïste, les divinités vivent dans les branches des arbres. Placés ainsi, ils vont pouvoir entrer dans la maison et y apporter leurs bienfaits.

Depuis les temps les plus reculés, de nombreuses cultures célèbrent le jour le plus court de l'année et le triomphe de la lumière sur les ténèbres. Les Égyptiens décoraient leurs maisons avec des feuilles de palmiers. C'est en apportant des branches d'arbres au feuillage persistant dans leurs habitations, que les Romains célébraient le festival d'hiver de Saturnalia. Au Moyen-Age, dans les pays scandinaves et germaniques, à l'approche de la fête de la Nativité, chacun s'en allait dans la forêt chercher un pin destiné à orner sa maison. Ainsi, les Chrétiens ont repris une tradition très ancienne, lorsqu'ils ont adopté un arbre vert en hiver comme expression du renouveau de la lumière et du cycle sans cesse renouvelé de la vie.

La plus ancienne référence du sapin comme «arbre de Noël» remonte au 16° siècle. A Strasbourg, on avait coutume de décorer les arbres avec des papiers de couleur, des fruits et des oeufs peints. Progressivement, cette tradition s'est répandue autour du globe, exportée notamment par les émigrés Allemands et par les mercenaires enrôlés dans la Guerre Civile qui implantèrent cette tradition aux États Unis. En 1804, à l'approche de Noël, les soldats de Fort Dearborn coupèrent des arbres dans la forêt et les érigèrent dans leur caserne. La Princesse Allemande Helen von Mecklenburg, épouse du fils du Roi Louis Philippe, introduisit la coutume à la cour de France en 1840, et le Prince Albert, l'époux allemand de la Reine Victoria, l'instaura en Angleterre.

L'idée de Nature

La nature, ou plutôt l'idée que l'on en a, n'est pas la même pour chacun d'entre nous. Tout au long de son histoire, l'homme a oscillé entre deux attitudes opposées : une vision spiritualiste et une vision matérialiste. Dominer la nature est une ambition éternelle qui est mythifiée dans le triomphe d'Apollon sur le serpent Python ou de saint Georges sur le dragon.

La vision spirituelle nous invite à poser le regard sur la dimension vivante de la nature. Dans cette perspective, ce sont les dieux qui la façonnent et qui lui insufflent la vie.

Il s'agit de la vision animiste, à travers laquelle l'homme primitif projette ses craintes et ses joies. Les phénomènes naturels sont vus comme l'expression de la volonté des dieux et de leurs pouvoirs. Les bonnes récoltes sont des récompenses, alors que les orages, le vent, la grêle sont le langage de leurs colères.

Toutes les civilisations indigènes des peuplades d'Afrique, d'Amérique, d'Australie ont bâti des cultures et des organisations sociales qui sont le fruit d'une conception de la nature fondée sur le contact direct plutôt que sur la réflexion. De la nature, ils ne tirent pas seulement subsistance, nourriture, et moyens de se guérir, mais aussi les bases de leur philosophie. C'est à son contact qu'ils construisent tous leurs modèles de vie, de soins, de pratiques religieuses.

Cette nature magique apparaît parfois effrayante. Dans les anciens mythes celtes, elle est peuplée de dieux, de déesses et de divinités qui reflètent les efforts de l'homme pour discerner s'il existe un ordre naturel et une intelligence qui l'organisent. Socrate et plus tard, Aristote nous poussent à abandonner cette vision magique et nous présentent une nature organisée selon des principes de beauté et de logique gouvernés par l'idée du bien.

Au Moyen Age, la conception qui prévaut parmi les philosophes et les théologiens est celle d'une nature crée par Dieu pour l'homme, mais indépendante de lui. C'est là que commence la séparation entre l'homme et le reste du monde vivant. Dans les écrits des anciens Grecs, les penseurs de la Renaissance découvrent des alternatives à la vision de la création proposée par la

«Fais que mes mains respectent les choses que tu as faites,
Que mes oreilles soient attentives à ta voix.

Rends moi sage,
Afin que je puisse connaître les choses que tu as enseignées à mon peuple,
Les leçons que tu as cachées dans chaque feuille et chaque pierre.»

Prière Amérindienne.

Bible. La nature n'est plus regardée avec crainte. Ces diverses conceptions ouvrent le chemin de la pensée vers l'investigation, l'expérience et l'explication selon les données les plus récentes des sciences : chimie, physique, anatomie, mathématique, astronomie.

La Renaissance fut une période de réévaluation et de clarification de la place de l'homme au sein de la nature et de sa relation avec elle et avec Dieu. Cela a profondément modifié la vision du monde de la culture européenne. La vision matérialiste devint la norme. Le monde était alors considéré comme une succession de phénomènes indépendants et la tâche des scientifiques était d'établir une cohérence entre ces éléments. Mais avec l'investigation scientifique, certains besoins fondamentaux de la psyché humaine sont ignorés : l'ancien pouvoir magique de la nature s'est évanoui et l'homme n'y trouve plus sa place. Ses sentiments se trouveront partiellement réhabilités avec l'avènement du courant Romantique (voir ci-contre).

Au XIX° siècle, fortes de leurs nouveaux moyens technologiques, les nations industrielles en plein développement pensent pouvoir dominer la nature et même l'asservir. Trop souvent, ce fut dans un bain de sang que l'homme «civilisé» s'appropria des terres sur lesquelles des peuplades vivaient en parfaite symbiose avec l'environnement : les Amérindiens en Amérique du nord et du sud, les Aborigènes en Australie et les Maoris en Nouvelle Zélande. En détruisant des peuples qui vivaient en harmonie avec la dimension spirituelle de la nature, l'homme occidental a également poignardé sa propre dimension spirituelle. La destruction de ce lien vivant avec la nature fait désormais partie de notre histoire et de notre conscience collective.

Un nombre croissant de scientifiques, suivant la trace du physicien Fritjof Capra, prennent conscience que les anciens concepts spirituels se trouvent étayés par les plus récentes théories de la vision de la matière et de l'univers. La Nature apparaît en effet comme un tout indissociable fait de relations qui participent toutes d'un processus cosmique.

LE COURANT ROMANTIQUE :

Les Romantiques de la Nature se concentrent sur l'aspect esthétique de la Nature. Ils ne se soucient pas de différencier l'esprit et la matière, mais accueillent les émotions déclenchées par le contact avec le monde naturel - une expérience qui n'implique ni analyse, ni prière, mais l'entièreté des émotions humaines. Cette recherche esthétique inspire le travail de nombreux artistes qui s'émerveillent devant la beauté d'un coucher de soleil ou la majesté d'un arbre.

Le courant Romantique des 18 et 19° siècle fut une réaction à l'attitude matérialiste en vigueur à cette époque. L'idée dominante n'était pas de savoir si c'était dans l'esprit ou dans la matière que se trouvait la clé des règles qui régissent le monde vivant, mais de savoir comment répondre aux émotions vécues à son contact. Cette subtilité se trouve dans les oeuvres des écrivains ou philosophes français Diderot et Rousseau, dans les peintures de Boucher et Fragonard, dans les paysages visionnaires de Samuel Palmer. Elle a également inspiré la vie et l'oeuvre de Blake, Shelley, Keats, Wordsworth et Byron.

L'arbre est porteur
des ressources de demain.

*Slogan pour le programme de
conservation des arbres du Nebraska*

Les conséquences de la destruction

En ignorant l'âme de la nature, l'attitude matérialiste a ouvert la voie à une domination sans partage et à une exploitation sans concession des ressources naturelles. Au XIX° siècle, l'exploitation des forêts était un sujet de controverse, voire de conflits, entre les colons et les populations locales. Mais cela peut être considéré comme une opposition entre la conception matérielle et la vision spirituelle de la nature.

Cette opposition est toujours actuelle et se retrouve de nos jours. Des intérêts commerciaux puissants font peser une menace permanente sur les forêts, mais aussi sur ce qui est vivant. Chaque année, 17 millions d'hectares de forêts, soit une surface égale à quatre fois celle de la Suisse, sont brûlés ou coupés. Les feux qui réduisent la forêt amazonienne ont une telle puissance qu'ils produisent des nuages de fumée qui dégagent une quantité considérable de gaz carbonique, aggravant ainsi l'effet de serre responsable des changements climatiques et du réchauffement de la planète.

La déforestation est un danger énorme pour l'écosystème planétaire. Des espèces végétales et animales disparaissent, des terres agricoles sont détruites par l'érosion et les climats locaux et régionaux sont modifiés et engendrent des sécheresses extrêmes ou des inondations dévastatrices. Les forêts sont les poumons de la planète, ils transforment l'oxyde de carbone en oxygène. La destruction locale engendre ainsi un effet global ; la pollution et la destruction des forêts nous concernent tous.

Réconciliation

De nos jours, bien des aspects de cette approche matérialiste qui nous coupe de la nature nous touchent intimement et affectent notre façon de vivre. L'industrie agro-alimentaire nous propose des produits qui ont perdu leur goût originel. La plupart des médicaments qui sont sensés nous soigner provoquent des effets secondaires indésirables. Dans les grandes métropoles, le cadre de vie ne nous permet plus le contact avec la terre et la nature. En réaction à ce divorce, nous sommes demandeurs de produits authentiques et respectueux de l'environnement naturel et humain. Nous sommes de plus en plus nombreux à prendre conscience qu'il est nécessaire de renouer des liens étroits avec la nature pour retrouver notre équilibre et notre bien-être.

Les nouvelles technologies de l'information et l'évolution du travail permettent à des citadins de pouvoir s'expatrier vers des zones rurales et de bénéficier d'un cadre de vie en rapport avec leurs besoins de proximité avec la nature. Il y a un intérêt croissant pour les médecines qui offrent une place plus importante à l'homme, telles que les médecines qui s'inspirent des traditions chinoises, tibétaines ou ayurvédiques. Les consommateurs demandent des produits plus propres et plus proches de la nature, ce qui conduit à développer des gammes de produits dits «bio». Les loisirs sont également prétexte à un rapprochement avec la nature, qu'ils soient à tendance sportive - randonnées, rafting...- ou plus culturels - observation des oiseaux et des plantes, astronomie...

Ce besoin de retour vers la nature inspire également les programmes politiques. L'influence des groupes «verts» et des groupes de pressions écologiques contraint les autres partis à intégrer dans leurs propositions des mesures en faveur de l'environnement et de la sauvegarde du patrimoine naturel.

La réconciliation avec la nature devient un élément de poids dans la vie politique. Le gouvernement néo-zélandais a redistribué aux Maoris les terres qui leur furent arrachées et a levé un impôt spécial sur les constructions bâties sur des terres qui ne peuvent leur être restituées. Les sommes ainsi collectées sont investies dans des structures destinées à assurer la pérennité de leur culture (écoles, centres culturels, aide à la création d'entreprise...). En Australie, le gouvernement a instauré le «Conseil pour la Réconciliation avec les Aborigènes» (Council for Aboriginal Réconciliation) dont l'objet est de créer une Australie unifiée qui respecte leurs territoires et qui met en valeur leur héritage culturel. Ce programme postule également la justice et l'égalité pour tous et confirme les Aborigènes comme héritiers légitimes de ce continent. Des initiatives analogues sont en cours au Canada pour la reconnaissance du peuple Inuit et la création d'une fondation pour le respect des peuples «primitifs».

Retrouver le contact avec la Nature

A la majorité d'entre nous, les arbres sont si familiers que nous ne leur accordons notre attention que lorsqu'ils sont malades ou qu'un promoteur décide d'en sacrifier quelques-uns. Nous assistons, impuissants, à la destruction de la Forêt Noire en Allemagne et nous tendons le dos en nous demandant à quels autres dommages la pollution va nous confronter. Les arbres privés de leurs feuilles sont les témoins de notre relation avec le monde vivant. Ces arbres malades nous envoient un message d'alerte. De leur côté, ceux qui sont en bonne santé devraient nous aider à nous émerveiller de la richesse du monde vivant. Les bois et les forêts sont encore des espaces où l'on peut trouver la paix et le silence et découvrir une certaine forme de beauté ; autant de qualités qui vont nous aider à faire face au stress et aux difficultés du quotidien.

Notre style de vie occidental où tout s'achète nous fait parfois oublier que la nature est la source de toute existence sur Terre. Elle nous fournit notre nourriture, des matières pour nous vêtir, des remèdes pour nous soigner, des matériaux de base pour construire nos maisons et les chauffer ainsi que des ressources pour les mille et une choses du quotidien (métaux, bois, résines naturelles, colorants,...). Surtout, elle reste une fabuleuse réserve de richesses qui restent à découvrir. Selon les experts, moins de 1% des végétaux présents dans le monde ont été analysés, ce qui peut laisser présager des découvertes importantes dans le domaine de la nutrition et de la pharmacie.

Notre forme de vie et son évolution tant physique que psychologique sont conditionnées et réglées par notre environnement, par les conditions de vie sur cette planète. Qu'adviendrait-il de l'Homme si la planète se réchauffait brutalement de plusieurs dizaines de degrés, si le soleil arrêtait de briller, si tous les arbres disparaissaient soudainement ? La déforestation est le symbole alarmant des conséquences que les dommages écologiques font peser sur notre futur. Cela n'affecte pas seulement le paysan de la forêt amazonienne (Brésil) mais chacun de nous, où qu'il vive. La pollution et l'environnement n'ont pas de frontières. Dès lors que nous commençons à nous intéresser à la vie des arbres et à ce qu'ils représentent, toutes ces informations ne sont pas seulement des «données» mais des événements qui font partie de notre évolution et qui nous concernent tous. Par la majesté de leur présence, les arbres nous rappellent que les mystères de la vie nous échappent : si nous voulons progresser dans leur compréhension, nous devons nous appliquer à les respecter.

La terre, nous ne l'héritons pas de nos parents, nous l'empruntons à nos enfants.

Proverbe Amérindien.

33

Les attitudes face à la Nature

Chacun de nous entretient une relation personnelle avec la nature et les arbres. Les sept attitudes les plus fréquentes sont décrites ci-dessous.

Dans le chapitre 2, vous découvrirez comment chacun répète l'une ou l'autre de ces attitudes, selon les circonstances de son existence. Vous pourrez également reconnaître quel est votre comportement privilégié.

Les noms donnés aux différentes catégories n'ont rien à voir avec les professions qu'elles évoquent. Ils ont été choisis pour certains clichés, mais on trouvera heureusement des agriculteurs avec des attitudes d'écologistes et des écologistes avec des attitudes d'agriculteurs ou de jardiniers.

❶ - L'AGRICULTEUR :

L'agriculteur considère la nature (animaux, terres, arbres,...) comme une source de production ou de profit. Les arbres ou les animaux sont totalement extérieurs à lui. Tous les contacts qu'il entretient avec eux sont empreints de l'idée de domination. Pour lui, ils sont une matière première à exploiter. Comme l'écrivait Thoreau : «*La nature de l'admiration pour l'arbre du bûcheron est trahie par la manière même dont il l'exprime. S'il nous livrait toutes ses pensées, il dirait : il était si grand que je l'ai abattu, puis j'ai pu y faire tenir un attelage de boeufs. Il admire le tronc, la carcasse, le cadavre plus que l'arbre…*»

❷ - LE BIOLOGISTE :

Le biologiste s'intéresse à ce qu'il voit. Il considère qu'il n'a aucun lien avec l'arbre, mais il a une curiosité qui le pousse à comprendre comment «ça marche». Il s'intéresse à l'arbre par appétit intellectuel ; il veut savoir où il pousse, comment il se reproduit. Le biologiste est attaché à la description, à la connaissance, à l'identification.

Pour lui, l'arbre et le vivant sont des objets qui se réduisent à un assemblage de pièces détachées. Voilà l'expression type de la vision mécaniste.

«*…une réduction massive de la population mondiale est le seul moyen d'éliminer la pauvreté, de stopper la pollution, de diminuer l'effet de serre et la destruction des forêts et de sauvegarder ainsi toutes les plantes et les animaux qui y habitent.*» May Drake, professeur, Royaume Uni. Visions of a better world.

❸ - LE ROMANTIQUE :

Le Romantique perçoit surtout la souffrance de la nature et il souffre avec elle. J'ai souvent entendu cette réflexion : «ils coupaient des branches, c'est comme s'ils m'avaient coupé les bras !» Pour lui, la nature est un espace où tout est beau, magnifique et pur et c'est l'homme qui est le prédateur de cette beauté. Pour le Romantique, la nature est un refuge.

«*J'allais alors d'un pas tranquille chercher quelque lieu sauvage dans la forêt, quelque lieu désert où rien ne montrerait que la main de l'homme n'annonçât la servitude et la domination, quelque asile où je pusse croire avoir pénétré le premier.*» Jean-Jacques Rousseau.

❹ - LE JARDINIER :

Le jardinier à une relation dépourvue de complications, un contact tout en simplicité avec les plantes et les arbres. Avec la nature, il se comporte comme avec un vieil ami. Il s'émerveille souvent de sa beauté, mais sans projeter ses émotions sur ce qu'il observe. La personne qui manifeste cette attitude est d'ailleurs souvent réellement jardinier et connue pour sa «main verte».

«Je rêve d'une nature originelle, avec des belles herbes bien vertes, avec des fleurs partout et des arbres remplis d'oiseaux. Je rêve d'une nature avec un petit vent léger qui soufflerait au travers des arbres pour nous rafraîchir.»
Godelieve Uwinama, Etudiante, Rwanda.
Visions of a better world.

❺ - LE CHAMAN :

Le chaman se ressource dans la nature. Il sait ou plutôt il sent qu'il peut échanger avec l'arbre. Il n'a pas toujours une conscience très claire de ce qui se passe dans la nature, mais il sent tout au fond de lui-même, sans pouvoir l'expliquer, que la forêt est un théâtre vivant. Souvent, il fait des expériences qui le dépassent un peu. Il parle aux arbres et il entend des réponses, il voit des choses que les autres ne voient pas. Il pratique le «hug a tree», car cela lui procure des bienfaits et contente son âme.

«Chaque chemin a une "sensibilité" et un "psychisme" propres en rapport avec la mentalité de ceux qui l'ont façonnés et qui le parcourent. C'est pour cela que les vieux chemins sont imprégnés d'un puissant égrégore et peuvent susciter certains états d'âme, certaines inspirations en rapport avec l'esprit du lieu.»
Mario Mercier, dans "La forêt du Rhin secrète et légendaire" de Nathalie et Michel Vogt.

❻ - L'ÉCOLOGISTE :

C'est par sa conscience que l'écologiste appréhende l'arbre et la nature. Il en ressent la présence à l'intérieur de lui.
Sa connaissance ne provient pas d'un processus mental ou intellectuel, mais d'un vécu intérieur très profond. Il a conscience que l'arbre ne se résume pas à la forme qu'il voit, car intérieurement il en perçoit d'autres dimensions.
Pour lui, la nature est aussi une source de beauté et d'extase permanente.

«Ma vision d'un monde meilleur est celle où l'homme aurait intégré cette compréhension qu'il n'est pas le propriétaire de la nature, mais qu'il est une part de cette nature et qu'il forme un tout avec elle. L'équilibre entre l'homme et la nature est essentiel pour l'évolution de la vie sur notre planète.»
Emmanuel, Chanteur, Mexico.
Visions of a better world.

❼ - LE MYSTIQUE.

Le mystique perçoit ce que l'arbre et lui ont de commun. Pour le mystique, l'arbre est une création transcendante. Le contact avec cette création lui permet de se connecter avec le divin en lui. Il sait que le destin de l'humanité et celui de la nature sont non seulement reliés mais qu'ils sont l'expression d'une même chose.

«Mes mots ne font qu'un
Avec les imposantes montagnes,
Avec les imposants rochers,
Avec les grands arbres,
Tout cela ne fait qu'un avec mon corps
Et avec mon cœur.»
Prière des Indiens Yokuts.

Pour découvrir l'intérêt des attitudes présentées, il est important de comprendre qu'elles ne sont pas figées. Ce n'est pas une typologie, mais la description d'attitudes et d'états de conscience qui varient selon les circonstances que vous rencontrez. Par exemple, face à la même situation, vous allez réagir comme un «Agriculteur» et quelques temps plus tard, face à la même situation, vous réagirez comme un «Romantique» ou comme un «Chaman».

D'autant que «l'Agriculteur» qui considère l'arbre ou la nature comme une ressource basique à exploiter peut l'utiliser avec des intentions très différentes. Il peut couper un arbre pour en vendre le bois dans le but d'un profit personnel, mais il peut aussi en faire un bel objet qui réjouira son destinataire.

Cet exemple nous montre comment il est possible d'évoluer à l'intérieur d'une même attitude. L'agriculteur est passé d'un comportement intéressé et égoïste à un sens du partage et du don.

En fait, chaque attitude est bornée par deux polarités extrêmes (cf. schéma ci-dessous). Si nous voulons progresser vers un niveau supérieur de conscience, nous sommes contraints de parcourir chaque niveau dans sa totalité en commençant par une polarité et en nous dirigeant vers l'autre.

La progression d'une polarité vers l'autre se fait graduellement, de manière linéaire, par une réflexion et par des petites expériences qui font évoluer l'idée que l'on se fait de la nature et des arbres. Le passage d'un niveau à un autre consiste lui, en un saut, une rupture soudaine par rapport aux anciens comportements. Par exemple, un passage du niveau d'agriculteur vers celui de biologiste implique un changement de système de références. Soudain, l'agriculteur ne supporte plus d'extirper inconsidérément les ressources de la nature. Il se rend compte que pendant des années il a arraché et cueilli, sans rien connaître de la nature. Il ne se sent plus en harmonie avec une telle attitude et il va alors s'engouffrer, dans une recherche éperdue du savoir.

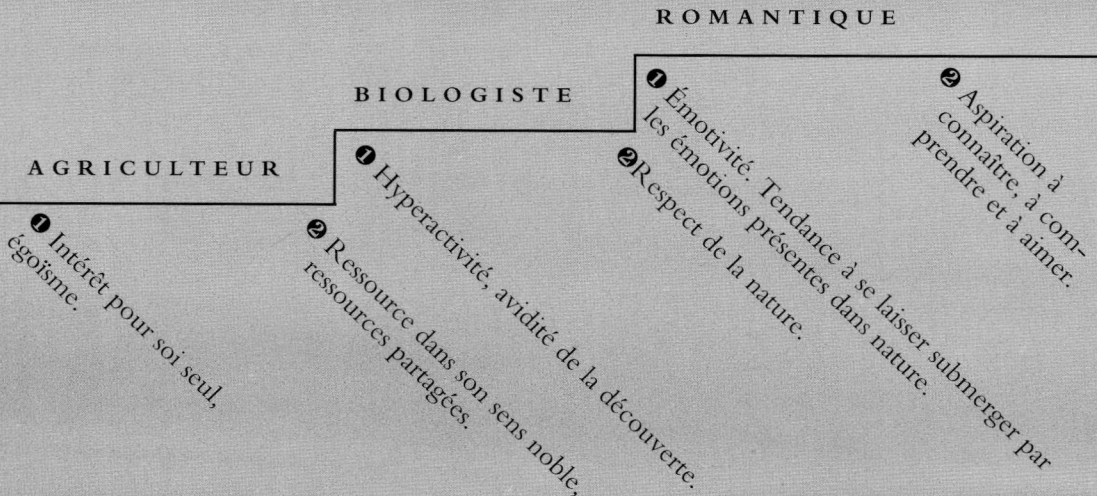

ROMANTIQUE

BIOLOGISTE

AGRICULTEUR

❶ Intérêt pour soi seul, égoïsme.

❷ Ressource dans son sens noble, ressources partagées.

❶ Hyperactivité, avidité de la découverte.

❷ Respect de la nature.

❶ Émotivité. Tendance à se laisser submerger par les émotions présentes dans nature.

❷ Aspiration à connaître, à comprendre et à aimer.

ATTITUDE FACE À LA NATURE	L'ARBRE EST CONSIDÉRÉ COMME :
AGRICULTEUR	une ressource à exploiter
BIOLOGISTE	un objet d'observation et d'étude
ROMANTIQUE	le miroir de nos souffrances
JARDINIER	une créature dont il faut prendre soin
CHAMANE	une source de pouvoir, d'énergie
ÉCOLOGISTE	un être vivant
MYSTIQUE	une part du tout cosmique

MYSTIQUE

ECOLOGISTE

CHAMANE

JARDINIER

❶ Amour de soi-même. Personnalité.

❷ Amour de la nature.

❶ Tendance à manipuler et à utiliser le pouvoir de la nature.

❷ Créativité, inspiration.

❶ Dogmatisme, égoïsme, homme comme finalité.

❷ Apitoiement sur soi-même.

❶ Mysticisme, la vie comme finalité **mystique**.

❷ Sacrifice, don de soi au service de la vie.

Chapitre 2

Le processus de transformation et d'évolution

Pour comprendre l'aide que le contact avec les arbres va nous apporter, il faut poser un regard nouveau sur les épreuves et sur la maladie. L'être humain n'est pas un corps physique animé par un esprit, il est plutôt un esprit, un être énergétique, qui habite dans un corps physique. Certains exercices présentés dans ce chapitre vous aideront à devenir plus sensible à votre corps énergétique, plus conscient de votre corps physique, et à sentir l'interaction entre les deux.

Nous savons comment une maladie se vit dans le corps physique, mais nous devons apprendre à nous ouvrir à la réalité de ce processus dans les corps énergétiques. Les symptômes physiques, émotionnels ou mentaux ne sont que des facettes différentes d'un même état intérieur. En observant comment nous vivons nos crises sur ces différents plans, nous verrons qu'il est possible d'identifier les séquences du processus de transformation.

Nantis de cette compréhension, nous ne nous poserons plus seulement en victimes de notre maladie ou de notre crise personnelle, mais nous découvrirons que nous vivons un moment important de notre changement intérieur.

Attitudes face à la maladie

D'après les observations que j'ai faites sur la manière avec laquelle chacun vit ses crises personnelles, j'ai pu distinguer sept attitudes différentes. En poursuivant mes investigations, j'ai constaté que ces sept attitudes sont en relation avec les sept attitudes que nous adoptons face à la nature, telles que nous les avons définies au chapître 1.

Bien que chacun ait une attitude privilégiée, nous agissons souvent selon une combinaison subtile de plusieurs de ces attitudes. Par exemple, quelqu'un pourra fort bien se conduire comme un «romantique», à un certain moment, et comme un «chaman», quelques heures plus tard.

Gardons toujours à l'esprit que nous sommes des êtres vivants et, qu'à ce titre, nous sommes en mutation et en transformation permanente : rien n'est jamais définitif.

❶ - L'Agriculteur :

Nous avons vu qu'il ne prend conscience de la nature que dans ses aspects les plus évidents et qu'il ne la considère que par rapport aux ressources qu'elle offre.

De même, il ne se préoccupe de ses problèmes qu'au moment où la gêne ou la douleur deviennent insupportables.

Dans sa conception dualiste de la vie, il voit la nature comme quelque chose d'utile, tandis que, la maladie lui apparaît comme inutile.

❷ - Le Biologiste :

Il essaie d'expliquer sa maladie ou son problème comme le résultat d'une cause extérieure. «Quel virus a bien pu provoquer ce problème ?» «Qu'est-ce que j'ai mangé qui n'était pas frais ?» «Je tiens cette tendance dépressive de ma mère». D'une manière similaire à son attitude face à la nature, le biologiste essaie de trouver une explication aux événements, mais toujours en dehors de lui.

❸ - Le Romantique :

Il ressent sa maladie ou ses difficultés comme une sanction, comme le résultat d'une malchance ou d'un destin injuste. Il réagit souvent avec des émotions fortes de découragement ou d'abattement. La similitude avec son attitude vis-à-vis de la nature se reflète dans la passion et l'émotion avec lesquelles il s'implique.

EXERCICE 1 :
EXPLOREZ VOTRE ATTITUDE FACE À VOTRE MALADIE :

- Comment vivez-vous le fait d'être malade ?
- Que ressentez-vous ?
- Quelles sont les émotions qui vous habitent lorsque vous êtes malade ?
- Quelles sont les pensées qui vous viennent ?
- Comment pensez-vous guérir ou vous en sortir ?
- Vous sentez-vous responsable de votre maladie ou des événements que vous vivez ?
- Pouvez-vous imaginer avoir une attitude différente vis-à-vis de votre maladie ou de vos difficultés ?
- Que pourrait être cette attitude ?
- Si vous adoptiez une attitude nouvelle, à quelles autres remises en cause seriez-vous conduit ?
- Quelles seraient les implications dans la relation avec votre médecin ou votre thérapeute ?

❹ - LE JARDINIER :

L'attitude du jardinier est concrète et sa relation à la nature implique souvent une part active. Il a la même attitude pratique face à la maladie : il arrête de fumer, il change son alimentation, il fait de l'exercice ou toute autre activité qui lui permet de se sentir en meilleure harmonie avec son corps physique.

❺ - LE CHAMAN :

Il imagine que, pour soigner la maladie, il doit exister quelque part des remèdes puissants ou des techniques efficaces autres que ceux proposés par le médecin traitant. Il a la même attitude à l'égard de la nature qu'il considère comme un centre d'énergies puissantes.

❻ - L'ECOLOGISTE :

Quand il est malade, il prend le temps de considérer ce qui l'a conduit à cette situation et ce que cela signifie dans son histoire personnelle. D'une manière analogue, il cherche à comprendre la nature par le biais d'expériences intérieures.

❼ - LE MYSTIQUE :

Il sent que ses propres problèmes sont la particularisation d'un processus collectif d'évolution et de transformation globale. Il relie son vécu personnel à celui de l'humanité, tout comme il se comprend lui-même comme une partie de la nature.

Que l'on puisse établir un parallèle entre l'attitude que l'on a vis-à-vis de la nature et celle que l'on adopte à l'égard de la maladie, voilà qui est significatif et qui indique comment notre regard se tourne pour observer la vie.

Tout cela est enregistré dans notre conscience. Celle-ci est le lieu de stockage et d'analyse de nos sensations, de nos émotions, de nos pensées, de notre sens du beau, du bien et du mal. Elle est également le siège de nos mémoires, le centre d'enregistrement de la perception de notre corps physique, et de l'image que nous avons du monde. Elle fait également la synthèse de toutes ces informations pour guider la quête du sens que nous cherchons à donner à notre existence.

La science conventionnelle est encore à la recherche d'une idée précise de l'existence de la conscience et de sa place dans la destinée de l'homme. Les différentes traditions placent la conscience dans les corps énergétiques. Leur observation donne une réalité aux différents niveaux de conscience que nous connaissons.

Les Corps Énergétiques

Comment se fait-il que, lorsque nous sommes confrontés à une situation qui déclenche des émotions fortes, nous ressentions une boule dans la gorge qui nous paralyse et nous rend muet ? De manière analogue, lorsque nous souffrons physiquement, il nous est difficile de penser clairement. Des émotions soudaines et des sensations inattendues nous embuent l'esprit, ralentissent ou bloquent nos capacités mentales ou physiques.

A l'évidence, il doit exister un vecteur qui transporte ces informations et qui établit le relais entre nos pensées, nos émotions et notre corps physique. Ce sont nos corps énergétiques, appelés également corps subtils dans certaines traditions, qui sont responsables de ces connections et de ces échanges. Ces «corps» sont constitués d'énergie, ils ne sont pas denses comme le corps physique : nous ne pouvons pas en sentir la substance, mais nous pouvons en percevoir la présence et apprécier leurs effets, leurs fonctionnements et sentir les échanges d'informations qui s'y opèrent. Comme ils sont à l'intérieur du corps physique, il y a entre eux un échange d'information permanent.

LES CORPS ÉNERGÉTIQUES ET LEURS AURAS :

❶ Le corps physique est celui que l'on connaît le mieux. Lui seul est pris en compte par la science médicale et biologique.

❷ Le corps émotionnel ou corps astral est le siège de nos émotions.

❸ Le corps mental est le siège de nos pensées.

❹ Le corps causal est la mémoire de l'ensemble des expériences de notre âme.

❺ Les corps spirituels sont l'expression de notre vraie nature. Ce sont eux qui nous connectent avec la vie universelle.

L'ego rassemble les corps physique, émotionnel, mental et dans une certaine mesure, le corps causal. Il est le théâtre de nos schémas de pensées et de nos comportements familiers.

L'être supérieur, notre sagesse infinie, est constitué des corps spirituels.

Chacun de nos corps énergétiques possède un rayonnement appellé «aura» : le corps émotionnel répand une aura émotionnelle, le corps mental émet son aura mentale et, ainsi de suite, chaque corps développe son propre rayonnement, sa propre aura. Chaque corps émet sa vibration, et l'aura est le rayonnement de cette vibration. Plus la fréquence de la vibration du corps est élevée, plus son rayonnement va être puissant et plus il occupera d'espace. Ainsi, l'aura émotionnelle se propage au-delà des limites du corps physique, celle du corps mental rayonne au-delà de l'aura du corps émotionnel et les corps causal et spirituel brillent, quant à eux, beaucoup plus loin.

LES SEPT CHAKRAS PRINCIPAUX ET LEURS CHAMPS DE CONSCIENCE :

❼ Couronne – connection spirituelle.

❻ Ajna, troisième oeil – Intelligence, perception, compréhension

❺ Gorge – expression, communication

❹ Coeur – Amour

❸ Plexus solaire – émotions

❷ Hara – existence individuelle, sexualité

❶ Coccyx – existence globale, vie primordiale

Les sept chakras principaux

Les corps énergétiques sont constitués d'une toile tissée de fins canaux d'énergie connus dans les traditions orientales et désignés par leur nom Sanskrit : *nadis*. Chaque intersection de ces canaux crée un vortex d'énergie appellé «*chakra*». En certains points, des dizaines de nadis se croisent et forment alors les chakras principaux (voir illustration). En tant que carrefours de canaux éthériques, ils sont des points privilégiés de convergences et de distribution de l'information dans les corps énergétiques. Chaque chakra est spécialisé dans l'information qu'il reçoit et redistribue. Chacun d'eux condense ainsi certains types d'information qui sont résumés ci-dessus.

Prendre conscience des corps énergétiques

Nos différences sont évidentes sur le plan physique.
Notre silhouette, la couleur de notre peau, la texture de
nos cheveux sont uniques et nous différencient. Mais nos
émotions, elles, ont plutôt tendance à nous rapprocher :
nos peurs sont assez semblables à celles que ressentent les
autres locataires de cette planète. L'organisation et la
structure de la pensée de la majorité des humains sont
identiques, même si l'objet en est différent.

Plus un corps énergétique est d'un niveau élevé, moins il
est sensible aux différences et plus il nous rapproche des
autres. Tandis que la plupart des êtres humains sont
conscients de leur corps physique, moins nombreux sont
ceux pour qui le fonctionnement des émotions est familier. Rares sont ceux qui prêtent attention à la structure
de leur pensée et plus rares encore sont ceux qui sont
conscients de leur nature spirituelle. Bien sûr, nous enre-
gistrons les effets de nos émotions ou de nos pensées,
mais si nous souhaitons les comprendre, nous devons
nous questionner sur leur vraie nature. Sinon, nous
sommes dans la situation de celui qui prétendrait savoir
ce qu'est la lumière, parce qu'il sait appuyer sur un inter-
rupteur pour allumer une lampe.

Le but de l'exercice suivant est de vous aider à
développer cette conscience de vos corps énergétiques.

EXERCICE N°2 : S'ENTRAÎNER À SENTIR SES CORPS ÉNERGÉTIQUES :

❶ Installez-vous confortablement, fermez vos
yeux, joignez vos deux mains, paume contre
paume. Éloignez-les et sentez les variations de
sensations. À un certain moment, il va y avoir
une rupture dans la sensation. Vous aurez l'impression de ne plus rien sentir.

❷ À ce moment, cessez d'éloigner vos mains et
rapprochez-les très lentement. Vous aurez l'impression d'avoir dans vos mains quelque chose
d'élastique, comme un ballon de baudruche.

❸ Explorez cette sensation en conservant vos
mains dans cette position d'équilibre et détaillez
ce que vous sentez : de la chaleur, du froid, le
sentiment de tenir quelque chose, une
attraction...

De nouveau, éloignez progressivement vos
mains l'une de l'autre, jusqu'à sentir une seconde
rupture. Explorez-la à son tour, comme vous
l'avez fait pour la première.

Ecoutez vos corps énergétiques

Nous pouvons nous demander s'il y a un intérêt à connaître l'existence des corps énergétiques, alors que nous sommes confrontés à chaque instant avec les effets de nos émotions et de nos pensées.

Lorsque nous cherchons à résoudre un problème, c'est le mental qui est le chef d'orchestre. Mais il est si malin, qu'il peut nous flouer à notre insu.

Souvent, nous nous laissons pervertir par les idées en vigueur. Beaucoup d'entre nous sont plus préoccupés par le fait d'avoir des idées en rapport avec la norme (politiquement correct) plutôt que par celui de penser par eux-mêmes. L'idée encore répandue d'un Dieu «père fouettard» qui jugera les bons et les méchants, ou la croyance selon laquelle tout ce qui est scientifique mérite une confiance aveugle en sont deux illustrations. Nous pouvons ainsi construire tout un comportement sur un «postulat» qui ne laisse pas de liberté à ceux qui doivent agir à l'intérieur de ce cadre. De même, en matière de développement personnel, nous pouvons ériger un comportement à partir de certains a priori. Cela peut être l'idée que la maladie est le résultat d'un mauvais destin, une punition, en tout cas une gêne qu'il faut éradiquer au plus vite, ou qu'un conflit est à éviter à tout prix. Lorsqu'on découvre la puissance de la manipulation et même de l'auto-manipulation de tels programmes, on se rend compte des limites et des risques d'une thérapie basée uniquement sur le mental. Pour éviter les pièges de la compréhension mentale, prêtez attention à ce que vous disent vos corps énergétiques.

Avec un peu d'habitude, vous pourrez écouter ce qui se passe dans les corps énergétiques (cette méthode est développée dans les cassettes) et cela vous permettra de vous connecter avec la réalité sans aucune complaisance et sans échapatoire possible. Les sensations dans votre corps, vous renseigneront sur l'authenticité d'une pensée ou d'un comportement. Vous posez certaines questions : «Suis je clair dans ma relation avec untel ?», «Est-ce vrai que j'ai totalement digéré mon licenciement ?», «Ai-je vraiment confiance en moi ?» En observant dans votre corps les sensations générées par la question, vous obtenez des réponses qui ne sont pas toujours celles que votre mental aurait fournies.

En développant l'écoute des corps énergétiques, vous recevez des indications claires pour «améliorer votre relation avec untel», «digérer votre licenciement» ou «développer la confiance en vous». Tout cela, indépendamment des pièges du mental. L'exercice ci-contre vous aidera à prendre conscience des sensations physiques. Des techniques plus avancées sont expliquées dans les cassettes.

EXERCICE 3 :

S'ENTRAÎNER À ÉCOUTER SES CORPS ÉNERGÉTIQUES.

Les corps énergétiques sont à l'intérieur de notre corps physique. Si vous vous placez dans un état de relaxation, vous allez pouvoir sentir les sensations qui proviennent de ces corps. Dans cet exercice, le mental n'est présent que comme témoin. Il ne doit pas chercher à expliquer ou à comprendre, il doit seulement observer .

❶ Allongez-vous confortablement et prêtez attention aux sensations corporelles, (tensions, chaleur, mal être,...) sans vouloir les changer. Votre mental est là pour observer, non pas pour exercer une quelconque influence sur le ressenti.

❷ Lorsque vous êtes bien conscient de l'état de votre corps, pensez à quelque chose qui vous est agréable. Voyez alors comment les sensations ont changé (sensations nouvelles, mouvement intérieur,...). Notez l'endroit où elles sont les plus fortes.

❸ Détendez-vous, puis oubliez votre pensée. Refaites le point sur les sensations que vous éprouvez.

❹ Pensez maintenant à quelque chose de désagréable. Reportez votre attention sur votre corps et observez les sensations. Les ressentez-vous au même endroit ? Leur nature est-elle différente ? Observez.

❺ Oubliez cette pensée, détendez-vous, puis observez de nouveau les sensations qui vous habitent.

❻ Reprenez une pensée agréable, écoutez de nouveau les sensations.

❼ Détendez-vous et terminez l'expérience en reprenant contact avec le présent.

Comment se développe la maladie

L'énergie de base qui maintient les différentes fonctions du corps physique trouve sa source dans les corps énergétiques. Aussi, lorsque ceux-ci sont affaiblis ou qu'ils ne sont plus en harmonie, le corps physique ne fonctionne plus comme il devrait. L'état des corps énergétiques est le reflet de notre état d'être intérieur. Lorsque nous vivons une crise intérieure, l'effet perturbateur ou destructeur ne provient pas directement de nos émotions ou de la nature de nos pensées, mais de la manière dont celles-ci inter-réagissent. Nos corps énergétiques sont en mouvement, ils ne sont pas autonomes, chacun d'eux est en interaction permanente avec les autres. Aussi, un problème qui surgit ne s'y inscrit pas comme un point fixe, mais il apparaît comme un noeud ou une distorsion dans un tissus d'impulsions et de réactions. Cette distorsion contrarie le flux des corps énergétiques et crée une disharmonie qui va empêcher l'accomplissement correct des fonctions physiques : les symptômes de la maladie se déclenchent. Cela crée des émotions et un état de malaise. Nous réagissons alors pour nous adapter à ce nouvel état et voilà qui déclenche un autre flux d'émotions et de pensées qui viennent se rajouter aux perturbations de départ. Nous entrons alors dans un cycle ou nous entretenons et nourrissons notre maladie.

Je me souviens d'une très jolie femme, HR, 35 ans, qui, malgré sa beauté, n'avait pas confiance dans sa féminité. Aussi était-elle toujours en lutte pour se rassurer. Elle vivait sa nature de femme, comme un état d'infériorité et de vulnérabilité. Elle manquait tellement d'estime pour elle-même, qu'elle luttait sans cesse pour s'imposer, même dans la plus banale des conversation ou des situations. Elle cherchait à se rassurer par un maquillage proche de l'extravagance et des tenues sexy à la limite de la provocation. Ses corps énergétiques présentaient une tension très importante à l'endroit du ventre. Ce stress permanent lui occasionnait des règles douloureuses et irrégulières et une contraction incontrolée du vagin, qui rendait les rapports sexuels difficiles et la faisait cataloguer comme frigide par les spécialistes consultés.

Les émotions et les pensées suscitées par cette impression de faiblesse avaient créé, dans les corps énergétiques, un tourbillon énergétique centripète qui présentait un effet de densification et empêchait les autres énergies de circuler librement.

La densification se retrouvait dans son ventre qu'elle crispait, pour retenir inconsciemment tout ce qui pouvait lui rappeler la féminité, d'où les règles douloureuses et la contraction du vagin. Bien sûr, cette structure énergétique était alimentée par les émotions et les pensées qu'elle avait à son encontre.

L'effet pervers ne réside pas seulement dans les émotions, dans les pensées ou dans les sensations physiques, mais dans le fait que celles-ci s'entretiennent mutuellement. L'état intérieur est vécu dans les corps énergétiques, puis il engendre un dysfonctionnement du corps physique. Ce trouble-ci engendre un état de mal être qui vient confirmer les pensées et renforcer les émotions de départ.

Nous sommes tous porteurs de microbes, de virus et de cellules potentiellement cancéreuses, mais nous ne déclenchons pas tous la maladie qu'ils sont censés apporter. Une maladie n'apparaît que lorsque l'agent pathogène rencontre un terrain favorable. Si l'harmonie entre les corps énergétiques et le corps physique se dérègle, alors c'est la porte ouverte à l'éclosion des effets pervers des parasites ou des virus.

S'il y a une cause dans les corps énergétiques, l'effet n'est pas le résultat direct de cette cause. La maladie naît d'une altération dans l'échange qui existe entre le corps physique et le corps énergétique.

Une maladie est plus une interaction qu'une manifestation directe.

Fonctions de la maladie :

Pour la plupart d'entre nous, guérir signifie être débarassé des effets indésirables de la maladie, des symptômes, au moins de ceux qui nous gênent le plus. Nous considérons la maladie d'un point de vue mécaniste - une panne dans la machine qu'il faut réparer au plus vite.

La maladie et les crises personnelles font partie de la vie. Elles ne sont pas seulement des obstacles, elles sont plutôt des indicateurs qui nous permettent de nous situer sur notre chemin d'évolution. Elles sont les phares qui vont nous montrer le chemin dans notre nuit intérieure. Elles vont engendrer des conflits, des luttes. C'est la résolution de ces conflits et la pacification de nos luttes qui nous aideront à grandir.

Nous devons nous dégager de cette idée que nous sommes soit malade, soit en bonne santé, et réaliser que ce qui nous arrive sont les phases d'un processus, les étapes de la libération. Rejeter la maladie consiste à rejeter une part vivante de nous-mêmes.

La maladie peut être considérée comme une invitation à prendre conscience de nos faiblesses. Si nous y répondons, nous pouvons entrevoir comment nous renforcer et comment faire un pas vers une meilleure compréhension et une meilleure connaissance de soi. C'est en apprenant à franchir les étapes et les obstacles que la vie place sur notre chemin que nous allons découvrir notre vraie nature.

Comment notre corps réclame-t-il de l'attention ?

Beaucoup de nos conflits intérieurs peuvent se résumer à une lutte entre la réalité de notre ego et les vraies aspirations de notre être intérieur (voir p 43). L'ego, nous l'avons dit est constitué par nos corps physique, émotionnel, mental et causal. Il correspond à la personnalité avec laquelle nous pouvons montrer notre individualité et faire nos expériences. Puis, il y a les corps spirituels, dont la réalité nous échappe en grande partie, mais dont nous sentons occasionnellement la présence en nous. C'est notre sagesse intérieure, en fait, notre vraie nature, notre conscience. Parfois, l'ego veut, désire, agit selon des mobiles qui le placent en situation de conflit avec la sagesse intérieure. Nous ne prêtons pas toujours attention à ces conflits, car nous sommes emportés par le tourbillon de la vie quotidienne qui laisse la part belle à l'ego. L'ego et la sagesse intérieure

EXERCICE 4 :
QUE REPRÉSENTE POUR VOUS LA MALADIE ?

Les questions suivantes vous aideront à évaluer la place que vous donnez à la maladie dans votre vie. Vous saurez ainsi dépister vos propres conditionnements et entrevoir les possibilités de changement.

- Dans la conception personnelle que vous avez de la vie, quelle place tient la maladie ? Pourquoi la maladie existe t-elle ? En quoi l'existence de la maladie conditionne-t-elle votre conception de la vie ?

- Quels sont les sentiments que fait naître en vous l'idée de maladie ? Injustice, menace, insécurité, peur, changement, vulnérabilité, adaptation, incompréhension, transformation, irréversibilité, .. autre.

- Vous avez trouvé des aspects négatifs à la maladie, quels éléments positifs pouvez-vous lui associer ?

vont alors progressivement se distancier et cette rupture va créer des conflits intérieurs. Très souvent inconscients, ceux-ci vont alors engendrer une dysharmonie dans le corps physique. Cette dernière va, si nous savons l'écouter, nous aider à prendre conscience du conflit.

Une crise qui mène vers la croissance personnelle

Je sais combien il est difficile, lorsque nous sommes dans une période d'intenses souffrances physiques ou de difficultés intérieures, de nous persuader qu'il s'agit d'une étape positive dans notre évolution. Néanmoins, il peut être salutaire de s'entraîner à poser un regard créatif sur nos crises lorsque nous sommes dans une période plus calme. Par crise, il faut entendre toute perturbation à un déroulement normal de la vie. Ces crises peuvent être de nature physique, c'est le cas d'une douleur, du dysfonctionnement d'un organe ou d'un système physiologique, de la fièvre ou d'un accident. Les difficultés intérieures, émotionnelles ou mentales, quant à elles, peuvent être toutes sortes de situations stressantes qui viennent perturber la tranquillité de notre existence. Cela peut aller du stress passager auquel vous devez faire face lorsque vous rencontrez un étranger par exemple, jusqu'à une perturbation de longue durée en réaction à un événement majeur de votre vie : perte ou changement d'emploi, décès d'un proche, divorce ou déménagement.

Les exercices de cette page vous aideront à évaluer les conséquences de vos crises passées et à reconnaître leurs effets positifs.

EXERCICE 5 :
MON ÉVOLUTION PERSONNELLE

Cet exercice vous aidera à voir comment le vécu de vos crises est le reflet de votre cheminement vers une meilleure conscience de vous-mêmes.

A quelle période de ma vie ai-je le plus évolué ? Quelles sont les situations qui ont été les plus transformatrices ?

Puis, pour chacune de ces situations, demandez-vous :
Comment j'envisageais le problème à l'époque où il est apparu ?
Avec quelles qualités est-ce que j'y faisais face ?
Avec le recul des ans, quel regard est-ce que je pose sur ces événements passés ?
Quelles sont les qualités que j'ai apprises ? développées ?

EXERCICE 6 :
LES BIENFAITS DE MA DERNIÈRE CRISE

Faire le bilan d'une crise passée offre une opportunité pour découvrir que ce n'était pas seulement une expérience négative ou destructrice.
- qu'a-t-elle mis en mouvement ?
- que m'a t-elle permis de clarifier ?
- que m'a t-elle apporté ?
- quels bénéfices durables puis-je constater dans ma vie aujourd'hui ?

Les sept étapes de la transformation

Si nous observons le déroulement d'une maladie ou d'une crise, nous pouvons y relever une structure. Nous pouvons identifier des étapes qui se répètent, quelle que soit la nature du problème, qu'il sagisse d'une maladie physique, d'une crise personnelle ou d'une difficulté relationnelle. Cette structure s'applique aussi bien à la «minicrise» déclenchée par la rencontre avec un étranger dont chaque phase va durer quelques secondes, qu'à la résolution du conflit engendré par un manque d'amour parental dont une seule phase pourra durer plusieurs années. Ces sept étapes sont décrites dans l'encart à droite et pages 56 à 60.

Un problème sera résolu selon la conscience que l'on en a. Regardez un paysage au travers d'un tube. Vous n'en apercevez qu'une infime partie mais vous croyez que ce que vous voyez constitue l'ensemble du paysage. Si vous prenez un tube de diamètre un peu plus gros, vous découvrirez de nouvelles parties du paysage que vous assimilerez de nouveau à la totalité. Quand vous aurez un tube encore plus gros, vous découvrirez de nouveaux éléments du décor que vous prendrez pour le tout et ainsi de suite.

Un problème personnel apparaît selon le diamètre de notre tube intérieur, c'est-à-dire de notre conscience du moment. A un moment ou à un autre, nous découvrirons de nouveaux aspects car notre conscience aura changé.

Cette expansion de conscience est un processus naturel et vivant qui se déroule à notre insu. Pensez à ces questions métaphysiques du type «Qui suis-je?» ou «Comment (Qui) est Dieu ?». Les réponses que vous apportez à ces questions aujourd'hui ne sont pas les mêmes que celles que vous donniez voilà cinq, dix ou vingt ans. La réponse n'est pas fixe, elle évolue avec le temps, avec ce que vous étiez et ce que vous êtes devenus. La réponse est variable selon l'expérience que l'on a de la vie. C'est à dire selon l'ouverture de notre conscience.

On ne va pas résoudre un problème d'une manière linéaire et régulière, en passant d'une étape de départ à une étape d'arrivée mais en suivant une spirale ascendante. On retrouve, parfois après plusieurs années, des problèmes que l'on croyait avoir dépassés et cela s'accompagne souvent d'un sentiment de retour en arrière, de régresssion et de découragement. On est en butte aux mêmes difficultés mais, après avoir effectué un cycle sur la spirale, on est confronté à des nuances plus subtiles des mêmes obstacles. Le fait de retrouver les mêmes problèmes n'est pas une preuve de régression mais, bien au contraire, le signe tangible que l'on a changé. Et le nouvel aspect découvert à ce problème ne sera pas résolu selon les conceptions du passé mais selon un point de vue différent.

LES SEPT ÉTAPES DE LA RÉSOLUTION D'UNE CRISE :

❶ Le problème apparaît et j'en prends conscience.

❷ L'égo résiste, je réagis.

❸ Ce que le problème révèle, je cherche à m'y adapter.

❹ Je réfléchis et je cherche une nouvelle attitude.

❺ Ma nouvelle attitude engendre de nouvelles qualités.

❻ Ma nouvelle attitude a un effet sur la situation, je me sens libéré.

❼ Je digère et j'intègre ce que j'ai vécu.

Les étapes 1 à 4 concernent les réponses de l'ego.
Les étapes 5 à 7 sont la libération de l'être supérieur.

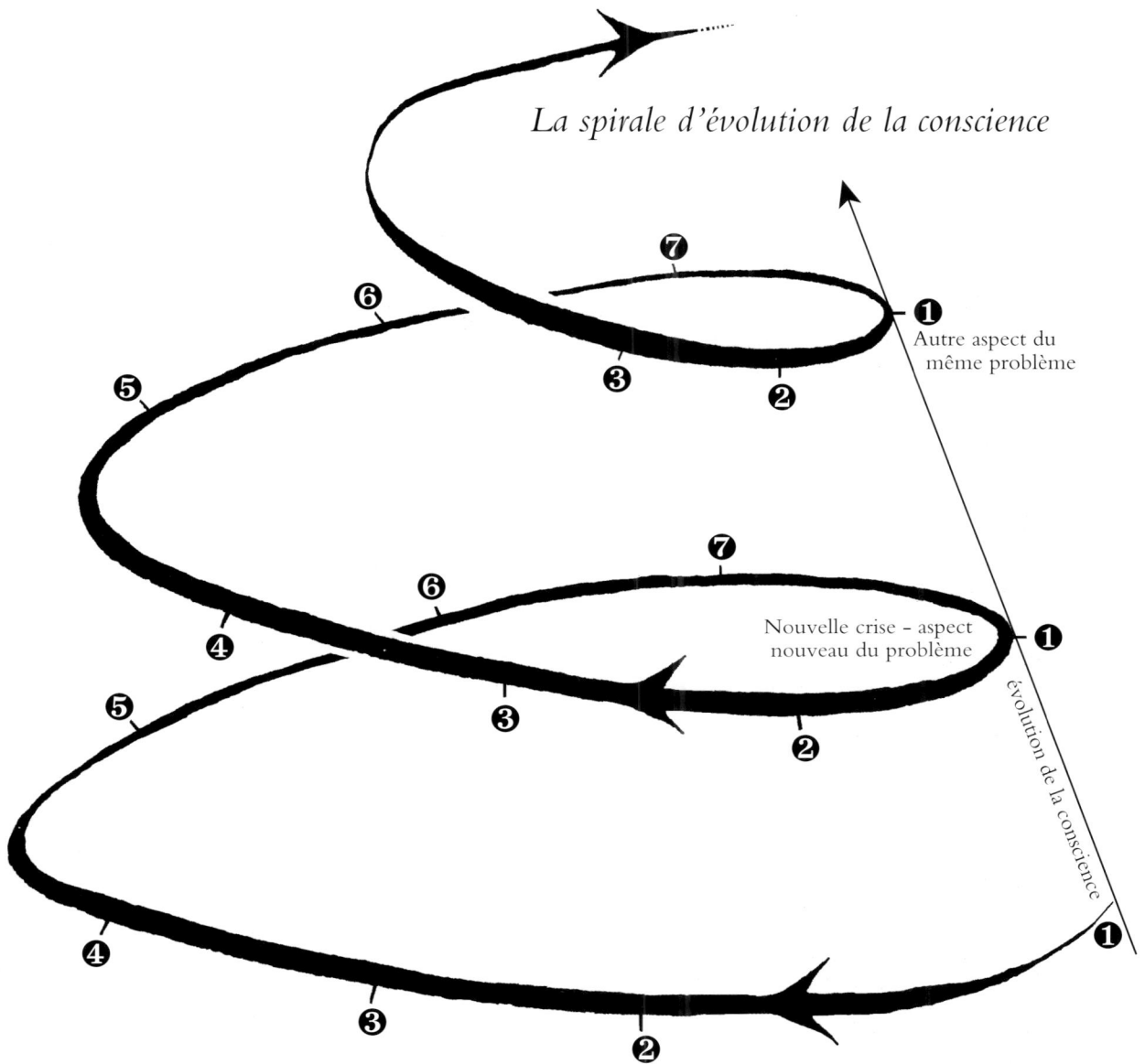

La spirale d'évolution de la conscience

évolution de la conscience

Autre aspect du même problème

Nouvelle crise – aspect nouveau du problème

A chaque niveau de la spirale, vous passez par les sept étapes pour atteindre un niveau de compréhension supérieur, ce qui provoque une rupture avec certains comportements passés. Dès lors, vous développez une nouvelle attitude face au problème et un nouveau comportement face à ses conséquences. Cela permet d'atteindre le niveau supérieur, là où vous allez rencontrer un autre aspect du même problème. Cela ne signifie pas que vous avez rétrogradé, mais que votre conscience s'est élevée. Vous accédez à une compréhension plus vaste et vous découvrez une facette nouvelle du problème.

Le processus qui mène vers une guérison totale et vers la résolution définitive d'un conflit ou d'une crise personnelle – par opposition à celle qui ne consiste qu'a supprimer les symptômes ou les aspects visibles d'un problème – présente deux aspects complémentaires : clarification de l'ego et libération de capacités d'auto-évolution par la mise en harmonie avec l'être intérieur. La première mesure à prendre pour que le soleil pénètre dans une pièce aux vitres sales est de nettoyer les vitres.

ETAPE 1 :
LE PROBLÈME APPARAÎT

La première étape est déclenchée dans l'instant où l'on se rend compte que le problème existe. Celui-ci peut être présent depuis longtemps sans que nous en ayons conscience. Certaines maladies présentent des temps d'incubation plus ou moins longs. La maladie est déjà là, mais on n'en souffre pas, donc on n'a pas encore déclenché le processus d'adaptation.

On peut sombrer dans des situations répétitives, sans se rendre compte que le conflit est en nous. Si j'ai un problème avec l'autorité et que cela engendre des difficultés avec la police, chaque fois que je suis contrôlé, ou avec les douaniers, chaque fois que je passe une frontière, je peux subir cette situation très longtemps avant de réaliser que c'est moi qui, inconsciemment, la crée.

ETAPE 2 : L'EGO RÉSISTE

La situation déclenche des réactions physiques ou des émotions qui sont la preuve d'une confrontation intérieure. Le corps physique va combattre le microbe ou l'infection. Emotionnellement, nous allons lutter contre la personne ou la situation qui a déclenché la crise. Un ego pas clair ne peut pas voir objectivement une situation, car les émotions ou les pensées parasites constituent comme un brouillard qui l'entraîne dans des processus de réaction. Les émotions créées par nos relations avec le sexe opposé, avec l'autorité, avec l'argent, la famille, le pouvoir, la violence... sont autant de perturbations qui nous privent d'une vision sereine à leur sujet. Dès que nous sommes en contact avec une de ces situations, nous cherchons à compenser, à masquer le malaise naissant par une réaction et nous perdons notre objectivité. Les pensées créent les mêmes effets pervers. Certaines sont si ancrées en nous, que nous ne songeons même pas à les remettre en cause.

Les émotions, aidées par le mental, nous poussent à résister au changement auquel nous invite cette nouvelle situation. L'ego s'emploie à maintenir le cap, afin d'éviter de sombrer.

Dans cette étape 2, nous sommes souvent piégés autant par les idées rigides que nous avons sur nous que par nos émotions. L'exercice 7 (voir page suivante) vous propose un moyen pratique pour vous libérer de cet immobilisme afin de vous préparer à entrer dans l'étape 3.

EXERCICE 7 :
SE LIBÉRER DES PENSÉES PARASITES

Cet exercice pratique vous aidera à vous libérer d'une certaine rigidité en donnant à votre mental l'espace nécessaire pour voir ce qu'un problème peut révéler. Grâce à sa simplicité, il permet de prendre conscience du poids des idées et de s'en alléger progressivement. Choisissez une fleur. Installez-vous confortablement devant elle et essayez de la découvrir dans toute sa profondeur. Instantanément, une pensée va venir à votre esprit. La plupart du temps, c'est un jugement. «Oh qu'elle est belle» ou «fragile», peu importe. Dès qu'une pensée apparaît, dites-vous qu'elle vous coupe de l'échange avec la fleur. Même si vous croyez que c'est une bonne pensée, laissez-la s'éloigner (la pensée, pas la fleur). Une autre pensée apparaîtra. Laissez-la partir et ainsi de suite. Vos pensées vont s'effeuiller progressivement, comme un oignon. A un moment, dégagé de vos pensées, vous allez faire l'expérience de la fleur, dans tout ce que cela offre de bouleversant.

ETAPE 3 :
VOIR CE QUE LE PROBLÈME RÉVÈLE

En dépit du problème, quel qu'il soit, la vie continue. Pour ne pas me laisser abattre, je dois apprendre à vivre avec lui, me réorganiser intérieurement et réajuster un certains nombre de choses dans ma vie.

L'équilibre de cette phase peut reposer sur des jugements, sur de la haine ou du rejet.

Dans cette phase, on ne cherche pas à régler le problème, on cherche avant tout à limiter la souffrance. Quelles que soient les émotions ou les pensées générées, je suis face à la nécessité de les prendre en charge, de les assumer, surtout si elles ne semblent pas très louables. Si je rejette ceux qui ont déclenché la situation, je dois apprendre à en assumer intérieurement la responsabilité. Je dois également supporter chaque décision que j'ai prise ainsi que leurs conséquences et les émotions qui vont suivre.

A ce stade, la situation change, mais le problème n'est pas réglé. On ne fait que le déplacer, pour le remplacer par un autre.

J'avais un mari qui buvait et me frappait. Je l'ai quitté. Je suis soulagée, car je ne suis plus confronté avec les problèmes d'alcool et de violence. Mais depuis un certain temps, je ressens un vide, je me retrouve seule et c'est la solitude qui me pèse. Je déprime, et j'ai des idées noires. J'ai remplacé un problème par un autre. Dans une maladie, c'est la phase au cours de laquelle la fièvre se stabilise : la température reste élevée, mais ne progresse plus.

ÉTAPE 4 : *EXPÉRIMENTER UNE ATTITUDE DIFFÉRENTE*

Cette étape est celle d'un changement important. L'égo commence à abandonner son emprise sur la situation et l'être intérieur peut émerger. Afin de libérer le potentiel de cette étape, vous devez observer comment un comportement ancien a contribué à créer la situation actuelle. Pensez-vous avoir une part de responsabilité dans cette situation ? La situation que vous observez est-elle reliée à d'autres problèmes que vous rencontrez ? Qu'êtes-vous en train d'apprendre en ce moment dans votre vie ? Quels changements devriez-vous accomplir pour que la situation s'améliore ?

Les réponses à ces questions vous aideront à identifier les comportements spécifiques que vous devez changer pour que la situation se clarifie et s'améliore. Il peut s'agir, par exemple, de devenir moins critique vis-à-vis du désordre de son partenaire ou bien de prendre plus de temps pour se relaxer. Vous pourrez alors expérimenter cette nouvelle attitude lorsque le problème se représentera. Au début, l'expérimentation d'un nouveau comportement requiert un effort de volonté, mais progressivement le nouveau comportement devient de plus en plus naturel. Lors d'une maladie, lorsque vous en êtes à cette étape, la fièvre commence à baisser.

EXERCICE N° 8 : *COMMENT ADOPTER UNE ATTITUDE NOUVELLE ?*

Souvent, le rejet de la faute sur l'autre se traduit dans la manière dont nous formulons le problème. Apprenez à le reformuler différemment en vous interrogeant sur le sens que le problème a pour vous.

❶ Résumez votre problème en une ou deux phrases. Exemple : Mon ami exagère, il n'a aucun respect envers moi et il ne respecte jamais mes désirs.

❷ Reformulez maintenant la phrase en vous plaçant comme sujet. Tout ce qui fait référence à l'extérieur, énoncez-le en tant que je.
Dans l'exemple ci-dessus : "Je n'arrive pas à me faire respecter par mon ami et je suis incapable d'affirmer mes choix".

Tant que vous rejetez la faute sur l'autre, vous êtes impuissant à régler le problème. En vous plaçant comme sujet, vous voyez plus clairement ce qui vous appartient et ce qui vous reste à faire, de votre côté, pour résoudre le problème. Voilà comment l'adversité devient une opportunité pour grandir.

ÉTAPE 5 : *DE NOUVELLES QUALITÉS APPARAISSENT*

J'intègre progressivement le nouveau comportement que j'ai commencé à expérimenter dans l'étape précédente. Il n'exige plus de ma part un effort de volonté, il devient naturel. L'intégration de cette nouvelle réalité me fait découvrir des qualités nouvelles dont j'expérimente les bienfaits dans chaque situation de mon quotidien : par exemple, j'élargis ma capacité à aimer, en ayant plus de tolérance, en développant mon enthousiasme. Les émotions et les pensées commencent à s'apaiser. Je ne me trouve plus dans un processus de réaction ou de survie, mais je commence à poser un regard plus objectif sur le problème.

Cet enrichissement vous offre un nouveau point de vue et vous êtes animé par un désir plus créatif, celui de transformer la situation par une attitude plus responsable et plus aimante.

Dans le cas d'un problème physique, votre corps a gagné sur l'infection. Le désagrément des symptômes s'estompe et la fièvre baisse.

ETAPE N° 6 :
LE CHANGEMENT D'ATTITUDE TRANSFORME LA SITUATION

Les changements de comportement que vous avez effectués et les qualités que vous avez libérées vous aident à considérer la situation sous un angle nouveau. Vous pensez que la situation a changé, alors que c'est votre regard qui s'est transformé. Prenons l'exemple d'un homme qui a des difficultés à trouver sa place lorsqu'il est confronté au comportement aggressif des autres. Dès qu'il aura résolu le problème intérieurement, il va se montrer plus sûr de lui et il sera plus à l'aise face aux marques d'adversité, où qu'elles se manifestent. D'ailleurs, il ne sera plus confronté à l'agressivité, ce qui lui donnera une vue plus claire des situations et des autres.

En maîtrisant un problème, vous créez une liberté intérieure, qui vous allège et qui améliore la relation que vous avez avec vous-mêmes. Dans une maladie physique, c'est l'étape où vous commencez à vous sentir mieux, les symptômes et la fièvre ont disparu.

ETAPE N° 7 :
INTÉGRER CE QUI S'EST PASSÉ

Sur le plan physique, cette phase correspond à la convalescence : une phase où l'on est guéri, mais où il faut prendre soin de soi, afin de ne pas rechuter.

Lorsque le mental constate qu'il y a eu un changement aussi important, il s'inquiète parfois et il doit apprendre à vivre avec cette nouvelle réalité. Il est important d'être attentif à cette phase. J'ai vu des gens la refuser et faire tout leur possible pour retrouver la situation telle qu'elle se présentait avant.

Il faut donc consolider ce nouvel état, en prêtant attention aux nouvelles énergies et en veillant à ne pas succomber à la nostalgie du passé.

A cette phase, le changement, lorsqu'il est consolidé ne concerne pas seulement celui qui l'a vécu. Il débloque des énergies si fortes et si inattendues que cela produit également un effet sur l'entourage.

EXEMPLE : LES SEPT ÉTAPES D'UN PROBLÈME PHYSIQUE

Etape 1 : J'ai chaud, j'ai froid, j'ai des courbatures.

Etape 2 : Ah zut, je ne vais pas pouvoir aller à l'anniversaire de Carole.

Etape 3 : Je vais me mettre au lit avec une bouillotte et transpirer.

Etape 4 : Qu'est ce qui m'est arrivé ? Je vais prêter un peu plus attention à moi. J'ai trop tiré sur la corde, je me suis fatigué, je n'ai pas pris soin de moi, je n'ai pas tenu compte de mes limites. Et puis la maladie de ma mère et les problèmes au travail m'ont bousculé émotionnellement, plus que je ne le croyais.

Etape 5 : Je décide de rester au lit et de prendre du temps pour moi. Je vais me reposer et terminer la lecture de ce roman. Je vais en profiter aussi pour faire une journée de jeune et m'épurer un peu.

Etape 6 : Mon corps réagit mieux, l'emprise de la maladie est moins forte. Je n'ai pratiquement plus de fièvre.

Etape 7 : Je me sens maintenant tout à fait bien. A l'avenir, je vais me montrer plus attentif à ma propre énergie, à mes rythmes, à mes limites et à mes besoins.

EXERCICE 9 : AUTO-ANALYSE : FAITES LE POINT

Cet exercice vous aidera à évaluer l'expérience et les bénéfices de votre dernière crise.

Créez une intimité avec vous-mêmes et profitez de ces moments pour comprendre comment vous en êtes arrivés là.

Quels sont les événements de votre vie auxquels vous avez du faire face dans la période qui a précédé l'apparition du problème ?

Quelles émotions vous ont habité ?

Quels anciens souvenirs cela a-t-il fait resurgir ?

A quelle incapacité, à quelle faiblesse vous êtes vous trouvé confronté ?

Qu'avez-vous négligé avant que la crise n'apparaisse ?

Nous opposons la maladie à la santé. Soit nous sommes malades, soit nous sommes en bonne santé. Ou nous sommes en crise, ou tout va bien. Cette conception est d'une indigence navrante. Elle ne laisse pas d'espace pour que nous enrichissions notre panoplie de comportements. Ainsi, nous sommes privés de la richessse de la maladie, puisque nous ne l'évaluons qu'au travers de cette seule grille polarisée maladie - bonne santé et que nous ne voyons aucune nuance entre ces deux extrêmes. Comprendre qu'une maladie évolue selon des phases bien précises aide à sortir de cette dualité.

Lorsque vous serez confronté à une maladie ou à une situation difficile, essayez d'identifier chaque étape. Vous découvrirez alors l'aspect créatif et évolutif de votre difficulté. Constatez que vous êtes en train de changer de phase et vous mesurerez le chemin que vous avez parcouru depuis le début de la crise. Sentez qu'il y a des étapes à venir, qui vous apporteront toutes leur lot de bienfaits. Vous échapperez aux limitations d'une vision étriquée de la vie.
La maladie ou la crise personnelle est une invitation à avancer dans la vie. Pour répondre à cette invitation, nous avons maintenant acquis des repères.

Nous savons comment fonctionnent nos corps énergétiques et comment un problème les affecte. L'autopsie d'une crise selon ses différentes phases nous fournit également une grille de lecture qui nous aide à nous situer face à une difficulté, aussi importante soit-elle.

Quel que soit le problème, celui-ci est bel et bien en nous et c'est dans l'intimité de notre vie que nous allons pouvoir le résoudre. Les problèmes que nous rencontrons sont une invitation à nous rencontrer nous-même.

Dans le prochain chapître, nous verrons comment l'échange avec les arbres nous aidera à développer des attitudes nouvelles. Celles-ci nous permettront de nous retrouver afin d'être présent au rendez-vous que nous avons avec nous-mêmes.

Chapitre 3

Développer notre perception des arbres

L es arbres nous émeuvent par leur beauté ou leur majesté, mais derrière cela, qu'y a-t-il ? Lorsque nous allons au-delà de la contemplation, nous imaginons que ces êtres vivants sont l'expression d'une forme de vie mystérieuse qui nous dépasse.

Mais comment entrer en contact avec un arbre ? La difficulté à établir ce contact provient de notre incapacité à sortir de nos pensées habituelles. Dès lors que nous voulons entrer en contact avec un arbre de manière plus profonde, plus intime, nous nous retrouvons face à nos limites et à nos doutes.

A travers le chapître précédent, nous avons vu comment un regard renouvelé sur la maladie nous présente des perspectives nouvelles sur l'être humain. D'une manière analogue, la rencontre avec l'arbre va devenir une rencontre avec soi.

L'observation créative de la maladie nous conviait à un rendez-vous avec nous-mêmes. Les arbres nous convient à ce même rendez-vous. Les exercices pratiques présentés ici vont fournir des moyens concrèts de découverte de soi qui nous permettront d'aller vers une vie plus consciente et de répondre à l'invitation à laquelle la crise ou la maladie nous convient.

A la rencontre des arbres

L'arbre est un être vivant qui fait partie du paysage mais nous n'y prêtons pas attention, pas plus que nous ne sommes attentifs à ce qui est vivant en nous et autour de nous.

L'arbre avec tout son mystère est à la fois proche, car il nous est familier, et éloigné, car sa réalité nous échappe.

Son mystère rejoint le mystère de la présence de la vie en nous et inconsciemment c'est une recherche de nous-mêmes qui nous pousse à aller à sa rencontre.

L'arbre devient ainsi une invitation à l'intimité avec la forêt, et avec nous.

Les exercices suivants vous permettront d'approfondir votre exploration et ainsi d'améliorer votre conscience des arbres, de la nature au sens large et du lien qui vous unit à eux.

EXERCICE 10 :
MARCHE MÉDITATIVE

Il est important de s'observer lorsqu'on va dans une forêt. La marche, ou plutôt l'état d'esprit dans laquelle nous allons effectuer cette marche, va conditionner la richesse des exercices que nous allons y faire par la suite.

Il faut d'abord prendre conscience que bien souvent nous marchons dans une forêt comme nous marchons dans un centre commercial. Notre mental est en effet occupé à repenser à ce que nous avons fait hier et à planifier ce que nous allons faire demain. Le présent nous échappe. Tout comme dans une méditation assise, le premier point est de se placer dans le présent.

❶ Placez-vous dans l'instant présent. Pour cela, écoutez votre respiration. Appliquez-vous à sentir le sol sous vos pieds, devenez conscient de votre équilibre qui se renouvelle à chacun de vos pas.

❷ Prenez ensuite conscience de la manière avec laquelle votre mental organise votre promenade.

«Je ne vais pas aller par là, il y a des ronces.» «Si je prend cette direction, ça descend et après, il faudra que je remonte». «Là, c'est plein de boue et je vais salir mes chaussures...» Nous sommes constamment en train de nous diriger mentalement, de nous poser des limites, des interdictions. Alors que, le but est de s'affranchir de ces contraintes. Devenez conscient de cette attitude. Lorsque vous vous surprenez à agir de la sorte, ne vous jugez pas, souriez de vous. Il n'est pas question de remplacer une attitude par une autre, il est question de devenir conscient des pièges dans lesquels notre mental nous précipite. Après ce sourire, reprenez-vous et laissez-vous guider. Allez là où vos pas vous emmènent.

C'est une merveilleuse sensation de se sentir dans un endroit où l'on ne serait pas venu si l'on avait écouté seulement son mental ou ses habitudes. Cela signifie que l'on s'est laissé guider par son âme, par son intuition, par son Infinie Sagesse. Appelez cela comme vous voudrez, c'est une partie élevée de vous que vous avez laissé agir en vous.

EXERCICE 11 :
COMMENT RENCONTRER UN ARBRE ?

Vous pouvez commencer par rencontrer un arbre en découvrant sa beauté. Vous allez entrer dans des jugements : «qu'il est magnifique !» ou «celui là, il n'est pas très beau». Essayez d'aller au-delà des jugements et de découvrir ce qui arrive lorsque vous les dépassez.

❶ Pour faire cette expérience, laissez vous guider par votre intuition. (voir exercice 10).

❷ Laisser vous conduire vers un arbre. Pour cela, évitez de le choisir à partir de considérations trop mentales, d'une réflexion ou d'un jugement «pas celui là, il est trop petit», «ici, il n'y a pas assez de soleil», «oh, je n'aime pas les chênes...». Vous vous trouverez alors face à un arbre que vous n'auriez peut-être pas choisi consciemment mais, néanmoins, vos pas vous ont guidé jusqu'à lui. Restez debout à quelques mètres de lui et remerciez-le intérieurement pour sa présence et dites-lui les sentiments qu'il vous inspire. Ensuite, faites en lentement le tour et cherchez comment vous allez l'aborder. Vous n'entrez pas dans une maison par la fenêtre, alors vous ne devez pas approcher n'importe comment dans le champ énergétique d'un arbre. Vous devez trouver le point d'entrée.

❸ Avancez-vous lentement vers lui, avec respect. Asseyez-vous ou restez debout, soit, face à lui, soit, le dos contre le tronc en essayant de sentir la manière qui vous semble juste. Ce que vous ferez est valable pour cette expérience présente avec cet arbre-là, mais vous devrez vous sentir libre de pouvoir procéder différemment la prochaine fois, que ce soit avec le même arbre ou avec un autre.

Utiliser les cinq sens

Il est important de ne pas vouloir faire, dès les premiers contacts, des expériences transcendantes, sinon on s'égare dans le fantasme et le délire et on s'embarque à contre-courant de son évolution personnelle. Pour s'assurer de ne pas s'envoler et de ne pas se perdre dans les dédales de l'imaginaire, il faut s'ancrer avec la réalité physique et chercher à s'y connecter. Pour cela, il s'agit d'utiliser les ressources de notre corps physique, c'est-à-dire nos sens.

Il ne faut pas voir les sens comme des moyens limités pour faire des expériences. Ce ne sont pas nos sens qui sont limités, c'est l'utilisation que l'on en fait, l'utilisation que notre mental fait des informations qu'ils lui transmettent. Considérons-les comme des seuils d'entrée vers la découverte d'une réalité plus vaste. D'ailleurs au-delà de la vision, il y a la clairvoyance, au delà de l'ouïe il y a la clairaudience, au delà du toucher la kiné....

La vue :

Nous avons dans notre cerveau un stock d'images accumulées tout au long de l' existence. Lorsque nos yeux aperçoivent quelque chose, ils l'identifient ou l'assimilent à un élément connu. Ce qui faisait dire à Platon que l'on réinvente plus que l'on invente le monde, en clair, que nous ramenons tout à ce que nous connaissons.

Le résultat, c'est que nous ne regardons pas. Nous nous arrêtons à cette reconnaissance. Dans ces conditions, il nous est très difficile de découvrir du nouveau.

La vue est un sens très sollicité dans notre civilisation. La signalétique pour nous déplacer, la publicité, la télévision, l'écran de l'ordinateur sur lequel nous travaillons et aussi les caractères et les images du livre que nous lisons sont des sollicitations continuelles de la vue..

Aussi les mécanismes mentaux liés à la vue sont bien huilés et nos neurones ont des habitudes, un conditionnement qu'il peut être intéressant d'élargir.

EXERCICE 12 : *ELARGIR NOS PERCEPTIONS, DÉPASSER NOS LIMITES*

Notre vue est tellement sollicitée que nous regardons les choses et les gens sans les voir. Ce que nous voyons et notre manière de regarder sont l'expression de notre habitude à décoder le monde. Si nous limitons notre regard, nous limitons notre perception du monde et dans cet exercice, nous allons apprendre à élargir ce processus.

❶ Dans la forêt, si vous vous asseyez tranquillement, vous allez découvrir que votre vue se contente de balayer une zone de quelques dizaines de mètres et que votre regard est arrêté par un premier rideau d'arbres. Prêtez-y attention, prenez conscience des arbres qui marquent la limite de votre perception. Puis, recherchez visuellement les espaces entre les branches et les feuilles qui permettent à votre vue de se porter plus loin. Votre regard n'est plus arrêté par ces arbres et la perception que vous avez de l'espace s'agrandit.

❷ Votre regard n'est plus arrêté par le premier rideau d'arbres qui vous limitait, mais au travers des branches et des feuilles, vous allez accéder à un second rideau. Comme avec le premier, ne limitez pas votre vue à ce second rideau, mais appliquez vous à voir au travers. Vous découvrez alors de nouveaux espaces et une nouvelle réalité. Ne cherchez pas à voir «le plus loin possible» mais procédez par étapes successives, sinon vous n'allez pas entrer dans le processus de l'expansion de la vue. Pour voir plus loin, il est important d'intégrer la présence des obstacles et d'apprendre à les contourner, comme dans la vie.
Observer comment on voyage est plus révélateur que le nombre de kilomètres parcourus.

EXERCICE 13 : *LES SURPRISES DE CE QUI EST FAMILIER*

Ce que vous avez fait avec l'infiniment grand, vous pouvez le faire avec l'infiniment petit. Lors de l'exercice précédent, nous avons cherché à développer une vue globale, maintenant, nous allons nous concentrer sur les détails.

❶ Choisissez un endroit où il y a de l'herbe et portez votre regard vers le sol. Regardez cet espace tout en restant debout. Vous en avez une perception sommaire assez rapide. Ensuite, examinez le même espace plus attentivement. Vous allez découvrir des tas de choses que vous n'aviez pas vu : du bois mort, des jeunes pousses, des amas de terre, des entrelacs de brindilles.

❷ Agenouillez-vous pour vous en approcher. Vous allez de nouveau découvrir des insectes, des détails qui vous avaient échappé. Plus vous allez être attentif, plus vous allez découvrir des détails, voir de nouvelles choses. A chaque fois que vous allez vous dire «Ah! ça y est, maintenant j'ai tout vu», prenez une bonne respiration et remplacez ce jugement par : «Qu'est-ce que je vais découvrir maintenant ?».
Vous allez pouvoir rester des heures à observer le même petit carré de sol et toujours enrichir votre découverte. Faites cet exercice méditativement et observez le sens que cela possède pour vous.

L' ouïe

L'ouïe est une perception plus spatiale que la vue. On n'a pas conscience du processus physiologique de fonctionnement de l'oreille.

Nous ne prenons conscience d'un son ou d'un bruit que lorsqu'il nous agresse.

Lorsque vous êtes dans la forêt, ne soyez pas trop prompt à dire «Oh ce silence ! Comme c'est agréable !» Car dans la forêt, ce n'est pas le silence. Seulement, rien ne vous agresse. Si vous désirez appréhender la forêt, écoutez ! Écouter, c'est se rendre disponible pour aller à la rencontre des sons.

Lorsque vous entendez un son, observez dans quelle partie de votre corps il résonne, car vous en viendrez à réaliser que vous pouvez entendre autrement qu'avec vos oreilles. Cela peut sembler étrange, mais c'est la porte ouverte vers l'élargissement de notre perception du monde vivant.

ANNE CATHERINE

Anne Catherine est une personne malentendante qui a participé à plusieurs stages en forêt. Au début, lorsque nous en venions à ce genre d'expérience, elle s'abstenait. Un jour elle posa son appareil et alla dans la forêt faire l'exercice avec les autres. Elle perçut des sons avec une finesse qui surprit tout le monde. Par contre, elle était incapable de dire avec quelle partie de son corps elle entendait les sons.

EXERCISE 14 : ÉCOUTER LES ARBRES

Cet exercice est destiné à vous aider à affiner votre écoute et à vous apprendre à aller à la rencontre des sons sans attendre d'être percuté par ceux qui sont trop forts.

❶ Installez-vous dans un endroit qui vous inspire et développez votre curiosité auditive. D'abord, prêtez attention à tous les sons que vous entendez : le chant des oiseaux, le bruit du vent, les branches qui craquent. Progressivement, prêtez votre oreille aux sons les plus fins.

❷ Puis, exercez votre curiosité. Posez votre oreille contre le sol, les Indiens y lisaient l'approche d'adversaires ou de troupeaux. Écoutez le tronc d'un arbre en y plaquant votre oreille. Ne vous contentez pas de dire «ah oui, on entend du bruit». Allez plus loin. Que vous inspire ce bruit ? Quelle qualité lui attribuez vous ? Ou résonne t-il en vous, dans quelle partie de votre corps ? Un son ou un bruit possède aussi une vie propre, observez là : Comment se développe t-il ? Devient-il plus fort, moins fort ? Entre t-il en interaction avec d'autres sons ?

Le toucher

Le toucher est un sens délaissé pour deux raisons : premièrement, c'est un sens qui est devenu tabou dans la société. Et de plus, ce n'est pas un sens qui permet une communication de masse. Il n'est jamais sollicité pour la découverte de la société. Il est masqué par toutes les sollicitations qui sont imposées à la vue.

Avant de toucher quelque chose, on établit un contact visuel avec et l'image mentale est déjà formée avant d'expérimenter le toucher. Alors, si vous souhaitez vous risquer à utiliser ce sens dans votre découverte des arbres, occultez votre vue.

On touche avec ses mains, mais aussi avec tout son corps. Avec ses pieds, en particulier on touche le sol en permanence. La façon que nous avons d'appréhender le sol est souvent soit inconsciente soit largement conditionnée par la vue. L'exercice suivant de l'aveugle et de l'ange gardien est un de mes préférés tant sa portée est vaste. On pourrait travailler plusieurs jours à en dégager les enseignements.

Il permet d'explorer le toucher, le sens de l'équilibre, le mouvement, les peurs, et tout ce que vous y découvrirez.

EXERCICE : *L'AVEUGLE ET SON ANGE GARDIEN*

C'est un exercice qui se pratique à deux.

❶ Il consiste en une marche dans la forêt les yeux bandés. Pour pallier au danger, il faut se doter d'un ange gardien. C'est une personne qui accompagnera la marche et qui n'aura pas les yeux bandés. Au début, convenez d'un laps de temps (20 minutes est une bonne mesure) et l'ange gardien surveillera l'écoulement du temps et trois minutes avant la fin de l'exercice, il avertira l'aveugle afin que celui-ci se prépare à retrouver des sensations ordinaires : «il te reste trois minutes..»

❷ L'aveugle va où il veut. Il s'arrête, repart, touche, cherche un équilibre avec ses pieds. Il peut même s'enfoncer dans des ronces ou dans des taillis qui peuvent sembler difficiles à l'ange gardien. Celui-ci n'est pas là pour éviter les difficultés, il ne doit intervenir qu'en cas de danger. Lorsque l'aveugle entre dans des zones délicates, l'ange gardien observera comment se comporte l'aveugle. Parfois, il sortira très aisément de taillis touffus, comme si rien n'existait et parfois au contraire il s'enfermera dans un minuscule buisson comme s'il s'agissait de la jungle amazonienne.

❸ Il est important de préserver le silence entre les deux pendant toute la durée de l'exercice. Si un danger se présente, l'ange gardien avertira l'aveugle en utilisant également le toucher : en retenant son bras, ou en posant sa main sur son épaule, le plus discrètement possible.

Le silence permet également à l'ange gardien de tirer un grand bénéfice de cet exercice. Cela le placera face à sa manière d'aider, à sa peur pour les autres, à sa manière de les diriger, d'intervenir dans leur vie...plein de situations intéressantes qui surprennent toujours.

L'odorat

Comme pour les autres sens, nous ne percevons que ce qui nous heurte : les odeurs fortes. Demandez à quelqu'un «qu'est-ce que ça sent ?». Après deux inspirations saccadées, il vous répondra «rien». Ce qui signifie : aucune odeur assez forte ne vient percuter les muqueuses sensibles de mon nez, et mon odorat est tellement atrophié que je suis incapable de prêter attention aux odeurs qui m'entourent.

Pourtant dans une forêt, il y a des odeurs continuelles d'une subtilité insoupçonnée et qui n'appartiennent qu'à ceux qui feront l'effort d'aller à leur rencontre.

Certaines odeurs possèdent un niveau vibratoire tellement subtil, qu'elles nous entraînent vers des états de conscience élevés et nous permettent d'accéder à des réalités qui transcendent ce que nos sens ordinaires perçoivent. Devant la richesse et la profondeur des expériences que font les participants à mes stages, je me demande toujours pourquoi il n'existe pas de «clair-sentant».

Chacune des phases de l'exercice 16 active un des hémisphères du cerveau pour vous aider à développer votre sens de l'odorat. Vous pouvez les pratiquer dans l'ordre qui vous plaira, mais il est plus efficace de les pratiquer séparément, plutôt que l'une après l'autre.

EXERCICE 16 : *APPRENEZ À SENTIR*

Si vous procédez comme on le fait pour sentir une fleur, c'est-à-dire en inspirant deux ou trois fois de façon saccadée, comme un chien qui cherche à suivre une trace, vous vous retrouverez rapidement en hyperventilation. Pour sentir, il ne faut pas se presser. Il faut continuer à respirer normalement, tranquillement, en amenant sa conscience dans son nez et en sentant à chaque inspiration. On ne sentira que sur l'inspiration et on laissera l'expiration se dérouler normalement, puis on attendra l'inspiration suivante pour recommencer à sentir.

Identifiez les odeurs : sucrées, amers, boisées, fleuries, douces,...Vous serez probablement surpris de rencontrer également des odeurs qui vous sont inconnues. Dépassez votre surprise et essayez de déterminer ce qu'elles vous inspirent.

❶ Laissez de la place à votre curiosité, vivez ce que vous avez envie de faire, sentez le tronc d'un arbre, ses bourgeons, les feuilles tombées à terre, le sol, la terre.
Cet exercice, plutôt analytique de vos perceptions, stimulera l'hémisphère gauche de votre cerveau.

❷ Dans cette seconde partie de l'exercice, laissez la subtilité des odeurs venir à vous. Installez-vous dans un endroit où vous êtes dans une situation de confort physique et mental : au pied d'un arbre par exemple. Respirez les odeurs qui viennent, en reconnaissant comment elles arrivent, se dispersent et laissent place à une autre, comme les nuages qui se déplacent dans le ciel.
Ceci favorise une perception globale qui stimulera plutôt l'hémisphère droit de votre cerveau.

70

Le goût

Notre capacité à goûter est souvent limitée par l'habitude que nous avons de vouloir immédiatement mastiquer et avaler ce qui est dans notre bouche, sans prendre le temps de le savourer. Vous pouvez vous risquer à goûter les bourgeons, la sève, les fleurs, les fruits de certains arbres.

Attention : certains arbres, ou parfois certaines parties de ceux-ci peuvent être toxiques. On ne se risquera à goûter que si l'on est assuré de la non-toxicité de ce que l'on porte à sa bouche.

EXERCICE 17 : *DÉVELOPPEZ VOTRE GOÛT*

❶ Quelle que soit la partie de l'arbre que vous souhaitez goûter, commencez par bien la mastiquer et pensez à éviter le réflexe de déglutition. Mastiquez lentement et découvrez les sensations que cela déclenche dans votre bouche, comment la salivation se fait.

❷ Arrêtez-vous et notez comment les goûts évoluent au fil de votre mastication. Lorsque l'expérience vous semble terminée ou lorsqu'elle devient désagréable, recrachez le tout et observez le goût qui reste dans votre bouche. Est-il persistant ou disparait-il rapidement ?
Quelles réactions ces goûts déclenchent-ils dans votre corps ? De la résistance, du plaisir, du calme, de l'excitation....

De la perception à la conscience

Les exercices précédents vous ont permis une nouvelle approche des arbres et peut être commencez-vous à les considérer différemment.

Lorsque je regarde un arbre, il est extérieur à moi-même. Il y a une notion d'«objectivité» dans mon constat, c'est-à-dire d'extériorité. C'est l'usage que l'on fait de ses sens qui est à la base de l'extériorité de l'arbre. En fait nous n'y sommes pas si extérieurs, car ce que nous voyons influe sur notre état intérieur. Nous trouvons cela beau et cela nous place dans un état de grâce. Cela nous dérange et cela déclenche un sentiment de malaise. Trouvons-nous de la majesté dans ce que nous regardons ? Voilà que nous sommes transportés vers un état intérieur emprunt de gratitude.

Il en est de même pour les autres sens. Nous considérons comme extérieur ce que nous entendons, ou ce que nous sentons.

Pourtant, dans une situation, deux individus vont percevoir les mêmes choses, mais ils ne vont pas en faire le même usage. L'un s'attachera à un aspect et l'autre y découvrira une réalité totalement différente. A tel point qu'on peut se demander si les deux ont vu ou entendu la même chose.

C'est là la rencontre entre nos sens et notre conscience. Nos sens décodent et notre conscience opère des choix, fait un tri, une sélection.

Les exercices suivants vous aideront à développer la conscience que vous avez des arbres par le mouvement, le son et la respiration.

Mouvement

Lorsque vous apercevez quelqu'un qui est raide dans son corps, vous pouvez imaginer qu'il sera rigide dans ses pensées. Des mouvements contenus trahiront une personne cherchant à donner une image différente de ce qu'elle est. On imagine qu'une personne avachie ne brillera pas par son enthousiasme et son aptitude à l'effort. La dynamique présente dans nos mouvements trahit souvent notre comportement général dans la vie. Bien que nous considérions les arbres comme statiques, nous verrons qu'ils ont chacun leur propre manière de se mouvoir dans le vent. Déchiffrer le mouvement de l'arbre est déjà une préparation à la compréhension de ses qualités énergétiques. Ils sont également animés par des mouvements plus subtils qu'il est possible d'explorer.

EXERCICE 18 : *DÉCOUVRIR LES MOUVEMENTS DE L'ARBRE*

Pour être réceptif à tout ce que les mouvements d'un arbre peuvent vous révéler, commencez par l'observer attentivement et prenez le temps de vous mettre en résonance avec lui.

❶ Cherchez un arbre qui vous inspire. Tenez-vous debout, face à lui, et placez vos deux mains de chaque côté du tronc, avec vos bras tendus mais souples. Levez votre tête et regardez les mouvements de la ramure, des branches et des feuilles.

❷ Progressivement cessez de regarder les détails. Essayez de percevoir la globalité de l'arbre, et laissez-vous guider par son mouvement. Laissez votre corps accompagner ces balancements. Peu à peu, vous allez entrer dans le mouvement de l'arbre et ressentir ce mouvement dans votre corps. Après un temps, fermez les yeux tout en maintenant vos mains posées sur le tronc de l'arbre et continuez votre mouvement.

Si vous êtes danseur ou habitué à l'expression corporelle, n'hésitez pas à vous écarter du tronc et à entamer une danse en résonance avec les mouvements subtils de l'arbre.

Attention : Dans la première phase de l'exercice, pour observer la ramure, vous allez lever la tête. Le fait de rester dans cette position longtemps peut vous donner des vertiges, car le cerveau n'est pas irrigué comme il en a l'habitude. Si cela se produit, il est recommandé de ne pas forcer, de ramener sa tête dans la position normale et d'attendre que le vertige passe, tout en restant bien détendu.

EXERCICE 19 : *UTILISEZ VOTRE VOIX.*

L'objectif de cet exercice est de trouver le son qui va être en résonance avec l'arbre et de favoriser, ainsi, un contact dynamique avec lui.

❶ Choisissez un arbre et placez vous face à lui en appliquant vos mains sur le tronc. Soyez présent avec tous vos sens, en écoutant ce qui se passe dans votre corps . Produisez un son. Essayez en un autre, essayez ainsi autant de sons différents que vous pouvez. Vous serez surpris d'en découvrir un qui semble sortir naturellement de votre gorge et qui sans effort sera plus fort que les autres.

❷ Répétez ce son, puis arrêtez vous. Écoutez la réponse de l'arbre, ou plutôt l'écho que l'arbre renvoie de votre son. Puis émettez un nouveau son qui soit inspiré par cet écho du premier son. Puis écoutez l'écho. Émettez un nouveau son. Ainsi de suite.

Progressivement les espaces de silence vont se raccourcir. Si vous arrivez à faire cet exercice en vous affranchissant de votre mental, et en vous sentant totalement libre, vous allez entrer dans un véritable chant qui sera la reflection ou plutôt la «matérialisation» d'une partie de l'énergie de l'arbre. Car à ce moment là, vous entrez en communion avec l'arbre et votre chant devient l'expression de l'inspiration qu'il vous donne.

Le son

L'arbre n'est pas statique. Il se balance, encouragé par le vent, (voir exercice 18). Mais lorsque celui ci cesse, on peut ressentir des mouvements internes très légers. Ce sont des rythmes qui s'expriment dans l'arbre. Il est délicat de les découvrir par l'observation tant ils sont subtils. Un des moyens les plus intéressants, c'est de se mettre en résonance avec eux. La mise en résonance par le mouvement se montre parfois insuffisante pour accéder à leur subtilité. Les sons, qui possèdent eux de larges plages de fréquences, vont s'avérer être un moyen intéressant d'exploration de ces rythmes.

Tatonnez, ce n'est pas facile, mais cela vaut la peine de persévérer, car à la clé, se trouve un échange profond avec l'arbre.

Respiration

Parfois, vous vous sentez spontanément proche d'une personne que vous rencontrez. Vous partagez tout de suite les mêmes idées, vous devinez ses propos avant même qu'elle les ait formulés : vous êtes sur la «même longueur d'onde». Vos réactions physiques se calquent sur les siennes, et vous allez constater qu'inconsciemment votre respiration se met en résonnance avec la sienne.

A l'opposé, lorsque vous êtes en présence d'une personne très stressée, votre respiration se fait moins profonde, elle se concentre dans votre poitrine et son rythme s'accélère.

Observer cette interaction vous renseignera sur votre perméabilité à l'influence des autres. La plupart d'entre nous subissons cette influence sans nous en rendre compte. Si vous vous entraînez à l'observer, vous deviendrez conscient de ce qui préside à l'échange entre deux personnes.

Lorsque nous approchons d'un arbre, nous sommes en interaction sensorielle avec lui : nous le voyons, nous le sentons, nous le touchons. Mais des effets plus subtils naissent aussi de la rencontre. Sous certains arbres, nous nous sentirons calmes, sous d'autres nous serons stimulés et d'autres nous inviteront à la rêverie.

Comme les gens, les arbres ont une «personnalité» avec laquelle nous allons spontanément nous sentir en harmonie ou qui, au contraire, va nous déranger. Observer comment votre respiration s'adapte à la rencontre, vous aidera à affiner la connaissance de l'arbre. L'exercice 20 vous fournit les indications pratiques.

Expérimenter l'échange avec l'arbre par l'écoute de la respiration nous place à la lisière des possibilités offertes par nos sens. Cela offre l'occasion d'approfondir l'intimité de l'échange avec l'arbre et d'en comprendre le fonctionnement.

EXERCICE 20 :
RESPIRER PRÈS D'UN ARBRE

Préliminaire : observer sa respiration. Pour expérimenter l'échange avec un arbre et l'impact que cela possède sur votre respiration, il est important de prendre conscience de ses caractéristiques. N'essayez pas de la modifier, le but est de la laisser se dérouler naturellement pour apprendre à la connaître.

❶ Pour cela, asseyez vous tranquillement et observez :
- d'où part votre respiration : de votre ventre, de la zone de votre plexus, de votre gorge ?
- Puis, observez son amplitude. Observez le volume qui se remplit à chaque inspiration et qui se vide à chaque expiration. Avez-vous l'impression que certaines parties de votre corps ne s'emplissent pas ?

❷ Observez maintenant son rythme. Est-il rapide, régulier ? Essayez d'en découvrir les qualités. Est-elle paisible, tonique, assurée, inquiète ?

❸ Maintenant que vous êtes parfaitement conscient de l'état de votre respiration, allez vous adosser contre un arbre qui vous inspire et trouvez y une place confortable. Détendez vous. Puis tranquillement, plus comme un jeu que comme une expérience scientifique, observez votre respiration. Observez ces composants : le point d'où elle part, son origine, son amplitude, son rythme, sa qualité. La ou lesquelles de ces composants ont changé ?
Laissez durer l'expérience un certain temps, et lorsque vous estimerez qu'elle a suffisamment duré, remerciez cet arbre et allez au pied d'un autre. Renouvellez l'expérience, et observez ce qui a changé dans votre respiration.
Expérimentez ainsi plusieurs arbres, d'espèces différentes, de tailles différentes.

A la longue, vous deviendrez expert et vous pourrez ainsi savoir quel arbre va vous apaiser, lequel va vous tonifier, etc…

Découvrir le Champ Énergétique de l'Arbre

Comment une fonction aussi intime que notre respiration peut-elle être modifiée de manière aussi nette par la présence d'un arbre ? Pour le comprendre, regardons ce qui se passe sur le plan énergétique.

Chaque arbre, tout comme chaque personne possède un champ énergétique qui irradie autour de lui. Lorsque vous approchez un arbre, son champ énergétique et le vôtre s'interpénètrent. Vous recevez alors de sa part des informations, auxquelles vous réagissez, ce qui modifie votre état intérieur et déclenche toute une série d'adaptations dans votre métabolisme, dans vos émotions et dans vos pensées. Le champ énergétique de l'arbre ne suit pas les mêmes fluctuations que le nôtre, car il ne possède pas d'ego.

Il n'est ni uniforme ni homogène. Il est constitué de couches différentes, que chacun peut ressentir, dans lesquelles s'expriment des rythmes différents. Nous trouvons ainsi un rythme de régénérescence et de croissance en rapport avec les saisons qui relie l'arbre aux conditions d'existence sur la terre. Il existe également un rythme jour nuit, qui s'inverse au lever du jour. Mais en plus de ceux-ci, il existe de nombreux autres rythmes, plus subtils, qui sont les caractéristiques de son espèce.

Ils sont comme les différents instruments d'un orchestre symphonique, c'est leur composition qui donne à l'arbre sa réalité et sa personnalité.

Vous pouvez les ressentir, lorsque vous respirez en résonance avec eux (exercice 20) ou en pratiquant les exercices 18 et 19 qui vous permettent de vous accorder avec ces différents rythmes par le son ou le mouvement. Avec un peu de pratique, vous pourrez dire si l'arbre rend votre respiration paisible, anxieuse, nerveuse, contenue ou libre. Lorsque cette écoute vous sera devenue familière, vous découvrirez les rythmes de l'arbre avec la même facilité que vous percevez ceux de votre propre respiration.

Généralement, on se met spontanément en résonnance avec certains rythmes qui nous correspondent et auxquels on accède plus facilement. Lorsque vous maîtriserez cette mise en résonnance, vous pourrez chercher à découvrir un autre rythme. Cela exige un peu plus d'attention, mais c'est une expérience enrichissante, car elle permet de découvrir une autre réalité de l'arbre et aussi une autre facette de soi.

TÉMOIGNAGE

Dès que je me suis adossé à ce sapin, et que j'ai fait le calme, j'ai été saisi par un mouvement puissant, vertical, comme un respir qui parcourait ma colonne vertébrale, du sacrum à la nuque; parfois ce mouvement très tonique, d'un seul bloc, laissait la place à un autre mouvement respiratoire, alternatif celui là, et de bien moindre amplitude, avec un courant ascendant à gauche et descendant à droite, puis l'inverse... Comme pour me montrer la différence entre l'unité de la vie et la dualité de ma conscience.

Guy (participant à un séminaire)

EXERCICE 21 :
PERCEVOIR LE CHAMP ÉNERGÉTIQUE D'UN ARBRE

Les étapes suivantes vous guideront vers la perception du champ énergétique de l'arbre et de ses qualités.

❶ PRÉPARATION

Choisissez spontanément un arbre qui vous attire. Enserrez le avec vos bras et observez les sensations que cela déclenche dans votre corps. Placez ensuite vos mains à plat contre le tronc, soit en laissant vos bras pendre naturellement, soit en les hissant à la hauteur de vos épaules.

❷ PERCEVOIR LE CHAMP

Conservez les yeux fermés et écartez lentement vos mains du tronc tout en maintenant l'attention dans les paumes. Notez-y les sensations - vous pouvez ressentir des chatouillements, des picotements, de la chaleur ou toute autre sensation habituelle. Continuez à écartez vos mains jusqu'au point où la sensation semble s'évanouir.

❸ SENTIR LES COUCHES

Revenez contre l'arbre, comme dans l'étape 1. Ecartez vos mains de l'arbre, prêtez attention aux sensations que vous ressentez dans les paumes. Remarquez comment les impressions présentes évoluent. Elles peuvent devenir plus intenses ou se montrer différentes. Ces modifications indiquent que votre main est sur une limite entre deux couches. Continuez à éloigner vos mains jusqu'à la prochaine variation de sensation. Vous rencontrez alors une autre frontière entre deux zones énergétiques différentes. Vous pouvez continuer ainsi, à vous éloigner de l'arbre, jusqu'au point où vous ne sentirez plus rien.

❹ RESSENTIR LES EFFETS

Placez-vous sur une des premières zones de changement que vous avez ressentie, et laissez vos mains en contact avec la limite de la couche. Déplacez légérement votre corps, afin qu'il soit, lui aussi, en contact avec cette zone de changement. Notez les sensations dans l'ensemble de votre corps.

❺ INTÉGRATION

Asseyez-vous contre l'arbre, ou allongez-vous sur le sol et prêtez attention à tout ce que vous ressentez et à tout ce qui arrive - cela peut être des pensées, des images, des souvenirs, ou de nouvelles sensations qui apparaissent dans votre corps.

Plus vous pratiquerez cet exercice, plus vous deviendrez familier avec les secrets du champ énergétique de l'arbre.

Les exercices 21 et 22 vous aideront à devenir sensible
aux différentes couches énergétiques de l'arbre. Plus
vous les pratiquerez, plus vous deviendrez conscients de
vos propres corps d'énergie.

EXERCICE 22 :
S'ACCORDER À L'ÉNERGIE DE L'ARBRE

Les sept phases de cet exercice
correspondent à sept niveaux de conscience
différents, et si vous exercez votre
perspicacité, vous trouverez, la
correspondance avec les sept attitudes face à
la nature que nous avons décrites dans les
pages 34-35.

❶ CHOISIR UN ARBRE :
Voir les exercices 10 et 11, pages 64-65.

❷ TROUVER LA BONNE POSITION :
Une partie de l'arbre vous semble t-elle si
accueillante que vous avez envie de vous y
installer ?
Prêtez attention à votre position, et
cherchez celle qui vous semble la plus
confortable, assis ou debout, le dos contre
l'arbre ou le corps tourné face à lui. C'est le
préliminaire à une relation consciente avec
l'arbre.

❸ ATTENDRE -RIEN NE SE PASSE :
TROUBLE.
«Rien ne se passe, et c'est déconcertant
d'attendre ainsi, pour rien.»
Bien que pouvant sembler être une perte de
temps, cette étape se trouve dans chaque
processus de changement. Les émotions et
les doutes se pressent pour venir meubler
l'attente et le vide apparent : «Que fais-je
ici ?», «Comment se fait-il que je ne ressente
rien ?». Le mental s'interroge, des souvenirs
reviennent, l'imagination explore le futur,
proche ou lointain. Cet état est parfait pour
apprendre le lâcher-prise. Patientez !
Continuez à attendre !

❹ PRÊTER ATTENTION AUX
SENSATIONS CORPORELLES.
La seule voie pour venir à bout de la
confusion vécue lors de l'étape précédente
consiste à observer ce qui se passe dans le
présent. Pour cela, soyez attentif aux
différentes sensations dans votre corps. Les
sensations purement physiques liées au
confort de votre position seront les
premières à s'imposer. Mais, des sensations
plus subtiles peuvent également émerger.

❺ RESSENTIR :
Vous commencez à sentir la présence de
l'arbre et vous éprouvez des impressions
étonnantes et inattendues.

❻ EXPLORER LA RICHESSE DES
SENSATIONS :
Ne restez pas rivé à l'effet de surprise de la
phase précédente. Laissez les sensations
apparaître. Le mental se saisit de
l'expérience et vous inonde de son cortège
de commentaires. Dès que vous lui
répondez, vous perdez le contact avec le
présent. Continuez à vous intéresser aux
sensations !

❼ RENCONTRER L'ARBRE ET
ÉCHANGER AVEC LUI.
A ce stade, l'expérience devient mystique.
La paix vous envahit et vous baignez dans la
sensation de faire un avec l'arbre et la
nature.
Tous ceux que j'ai vu accéder à ce stade
reviennent avec des larmes de joie plein les
yeux et sont incapables de résumer avec des
mots l'étendue de ce qu'ils ont vécu. Cette
expérience peut durer seulement quelques
secondes, mais rester graver en vous pour
toute votre vie.

*Lors d'une expérience, vous n'accéderez
pas à l'ensemble des sept étapes. Cette
description doit vous fournir un canevas
pour que vous sachiez ce qui se passe et
surtout savoir situer votre expérience dans
un concept d'évolution.*
*Chacune des phases n'a pas la même
durée. Parfois vous buterez sur la phase 2,
car vous ne trouverez pas la bonne
position, plus tard ce sera sur la phase 3,
car votre mental s'emballera. Puis un jour,
vous sentirez cette ascension irrésistible
vers une expérience transcendante.*

E X E R C I C E   2 3   :   *RENCONTRER UN ARBRE AVEC VOTRE CORPS ÉNERGÉTIQUE*

Le contact avec tout être vivant est avant tout un échange entre champs énergétiques. L'effet nous en échappe, mais dans l'exercice suivant vous pourrez en devenir conscient lors de votre approche avec les arbres.

❶ Tenez vous debout, à une distance d'une dizaine de mètres d'un arbre. Bandez-vous les yeux, et dirigez vous lentement vers lui. Ne cherchez pas à vous souvenir de son emplacement, mais conservez vos sens en éveil et laissez-vous guider, en restant attentif à tout ce qui se passe, dans votre corps et autour de vous.

❷ Lorsque vous aurez affiné la perception subtile, rendez-vous dans un endroit fourni en arbres, en vous faisant accompagner d'un assistant. Bandez-vous les yeux et déplacez-vous en marchant dans la forêt, en essayant, sans les voir, de devenir conscient de la présence des arbres.

A la fin de l'expérience, demandez à votre accompagnateur de vous rapporter à quelle distance des arbres vous êtes passé.

Certaines personnes se dirigent tout droit sur certains arbres et en évitent d'autres. Interrogez votre «ange gardien-partenaire» pour savoir quels arbres vous avez évités et lesquels vous ont attiré. Ensuite, vous pouvez retourner, les yeux non bandés, près de certains de ces arbres, écouter les qualités qu'ils manifestent. Demandez-vous quelles qualités vous avez évitées et lesquelles vous ont attiré. Quel sens cela possède-t-il pour vous ?

Les qualités présentes dans les arbres

Chaque espèce d'arbre possède sa propre forme distinctive et sa manière très personnelle de produire ses fleurs, de porter ses fruits, de répandre ses graines, en réponse aux conditions selon lesquelles il se développe. Si vous étudiez soigneusement ces particularités, il ne manquera pas de venir à votre esprit une ou plusieurs qualités, qui caractérisent sa forme et son comportement.

Dans chaque arbre se manifestent une ou plusieurs qualités. Les découvrir est une aventure fascinante. Pour cela, l'exercice 24 vous fournit quelques détails pratiques et des techniques complémentaires vous seront présentées dans le chapitre 5.

Nous avons vu que lorsque nous pénétrons dans le champ énergétique d'un arbre, notre être réagit et s'adapte aux informations que nous recevons inconsciemment de la part de l'arbre. C'est un ensemble d'informations dont nous pouvons nous nourrir, en nous mettant en résonance avec certaines qualités présentes. Cette action n'est en aucun cas un emprunt ou un arrachement, elle n'appauvrit pas l'arbre.

Le phénomène est analogue au fait de lire un journal : vous avez lu l'information, vous vous en êtes nourri, mais elle reste disponible pour tous ceux qui souhaitent la lire à leur tour. Certains articles retiennent votre attention, vous les lisez, alors que vous en ignorez d'autres. Les textes qui vous interpellent, ceux qui vous font réfléchir, ceux qui vous rappellent des souvenirs vont déclencher en vous des sentiments, des émotions, des pensées. Vous vous trouvez en résonance avec cette information.

Au fur et à mesure que s'affine votre sensibilité à l'égard de l'arbre, vous vous mettez de plus en plus facilement en résonance avec sa qualité dominante, ce qui vous rend conscient de cette qualité ou de son absence en vous. Si, par exemple, je me place près d'un sapin, dont la qualité principale est la fluidité, je vais la ressentir en moi. L'étape suivante consiste alors à savoir comment je réagis à l'invitation que me propose l'arbre. Je peux

EXERCICE 24 : *PREMIÈRE APPROCHE DES QUALITÉS DE L'ARBRE*
Pour vous faire une idée des qualités présentes dans un arbre, commencez par l'observer globalement.

❶ Choisissez un arbre qui vous attire et détaillez sa forme générale. Lorsque vous le regardez, quels sont les mots qui vous viennent spontanément à l'esprit : majesté, force, puissance, douceur...? Voilà, les premiers indices sur ses qualités intrinsèques.

❷ Portez votre regard sur les feuilles. Quels sont les qualificatifs que cette observation vous suggère ? Sont-ils les mêmes que ceux que vous inspirait la forme globale ? Détaillez ainsi chacune des parties de l'arbre, ses fleurs et ses fruits s'ils sont présents. Comment qualifieriez-vous la manière dont il s'intègre à l'environnement ?

❸ Posez vous, maintenant, les questions suivantes.
Quel genre d'attitude intérieur m'inspire cet arbre ?
Confiance, humour, crainte, paix,...
Si cet arbre était une personne, serait-il un homme ou une femme ? «Qu'aimerais-je partager avec lui ?»
Que lui demanderiez vous ?
A partir de vos réponses à ces questions et de votre observation de l'arbre, une qualité prédominante devrait émerger.

répondre présent en libérant ma respiration, en
détendant mes muscles, en m'abstenant de lutter contre
mes émotions ou mes pensées. Ou, je peux refuser l'invitation en résistant et en augmentant les tensions physiques et émotionnelles, par réaction à la qualité de
l'arbre. Ce dernier comportement peut se faire à mon
insu, mais tôt ou tard, je vais m'y trouver confronté de
manière consciente. Que cela demande quelques
secondes ou plusieurs années, un jour viendra ou je
m'éveillerai à la réalité de ces limites et j'élargirai ma
liberté intérieure.

Chaque expérience est unique :

Lorsque vous échangez avec un arbre, il vous arrivera de
faire une expérience d'une intensité telle que cette rencontre vous marquera pour le restant de vos jours. Alors,
vous allez être tenté de l'ériger en vérité universelle.
Pourtant, quelques jours plus tard, dans les mêmes
circonstances, avec le même arbre, vous allez faire une
expérience toute aussi intense, mais différente de la première. Si vous échangez avec d'autres personnes sur le
vécu de l'expérience, vous découvrirez une troisième
réalité. Nos réflexes mentaux nous poussent alors à argu-
menter pour savoir qui a raison, qui est «normal» et cela
débouche vite sur l'intolérance. Dans les séminaires,
c'est très fréquent au début, puis heureusement, progressivement les participants découvrent l'étroitesse de ce
comportement et surtout de ses conséquences.

Ils découvrent graduellement que savoir qui a raison n'apporte aucune richesse et débouche sur l'égoïsme
et l'intolérance. Apprendre à considérer la manière dont
l'autre va appréhender la réalité nous enrichira et surtout
nous rendra plus disponible et curieux. Car on va vite
découvrir que la réalité possédant de nombreuses
facettes, la richesse n'est pas d'avoir raison, mais plutôt
de découvrir le maximum de facettes.
L'arbre possède son propre champ énergétique. L'être
humain qui s'en approche entre dans un exercice d'har-
monisation inconsciente comparable au dialogue
intérieur qui s'établit lorsque par un soir d'hiver sans
lune , vous marchez dans un quartier désert et que soudain, vous apercevez au loin un inconnu qui se dirige
vers vous. La première réaction est la peur, puis vous
vous raisonnez en vous disant que cet inconnu ne va pas
forcément vous violer ni vous dépouiller de votre sac à
main. Au moment où vous retrouvez un peu de

confiance, la peur remonte. Jusqu'au moment où vous allez le croiser, vous oscillez entre peur et confiance, entre doute et assurance entre détente et aggressivité, jusqu'à trouver un équilibre intérieur avant le croisement de cet homme qui est lui aussi passé par les mêmes états que vous. Certains soirs vous allez être plutôt confiantes, d'autres soirs plutôt craintives et méfiantes.

Lorsque vous entrez dans le champ énergétique d'un arbre, il se passe le même ajustement mais à un niveau plus profond, dont une bonne part est inconsciente. La réalité est créée par la rencontre entre les deux champs énergétiques de l'arbre et de la personne. Notre illusion d'une réalité monolithe nous pousse également à croire que l'être humain a un comportement unique, et les psychologues alimentent cette croyance en cherchant à nous définir, à nous cataloguer, nous étiquetter. Pourtant le champ énergétique de l'être humain est en mouvance perpétuelle. Nous ne sommes jamais le même, nous sommes en changement permanent. Certains changements sont rapides, d'autres plus lents. Ce n'est que la lenteur des changements de certaines attitudes fondamentales qui nous permet de croire à la permanence de notre état intérieur.

En entrant en interaction avec le champ énergétique de l'arbre, nous ne sommes jamais dans deux états analogues, c'est pourquoi deux expériences ne peuvent pas être semblables. Nous avons vu qu'un arbre possède un champ énergétique qui véhicule des informations que l'on peut résumer par une qualité dominante.

Nous pouvons entrer en interaction avec ces qualités par l'intermédiaire de nos sens. Mais nous avons vu que ces qualités et la vie se manifestent dans le corps énergétique par des successions de rythmes que nous pouvons expérimenter en nous mettant en résonnance avec, par notre respiration mais aussi grâce au son et au mouvement.

Nous allons voir une application de ces découvertes. Avec neuf arbres, j'ai préparé des huiles énergétiques porteuses de leurs qualités, ou en d'autres termes des huiles qui véhiculent une partie de l'information énergétique contenue dans ces arbres.

Chapitre 4

Les énergies présentes dans un arbre

Durant les mois que nous avons vécus dans la forêt, mon épouse et moi, nous avons réalisé que nos douleurs s'évanouissaient après quelques instants passés le dos contre le tronc d'un arbre. Il ne faisait pas l'ombre d'un doute que l'arbre influait sur notre équilibre et sur notre bien-être. Bien que cela n'aboutissait pas toujours à la disparition d'une douleur, nous ressentions toujours une évolution des sensations dans nos corps. Nous fûmes prompts à constater que l'arbre agissait sur notre état d'être, sur notre état de bien-être, devrais-je dire. Certains nous procuraient des sensations de calme, d'autres nous vitalisaient, d'autres, enfin, nous laissaient dans des états de joie ou de sérénité.

Après une longue période d'expérimentation, nous avons sélectionné neuf espèces qui présentaient des qualités qui nous semblaient intéressantes pour la santé et l'harmonie. Leurs qualités peuvent améliorer le vécu quotidien en aidant à libérer les blocages et en favorisant le contact avec l'être intérieur.

Nous avons prolongé cette expérimentation en créant, avec ces espèces, neuf huiles porteuses des qualités correspondantes de l'arbre. Elles vous seront précieuses pour améliorer l'estime de vous-mêmes, la confiance, l'ouverture et faire grandir d'autres qualités que nous découvrirons dans ce chapitre.

Dans le chapitre 3, nous avons expliqué que chaque arbre manifeste une qualité, partagée par tous les spécimens de la même espèce. Nous avons également constaté que le contact avec ces arbres déclenche en nous des sensations qui nous plongent dans des états de calme, de confiance ou d'ouverture. Nous pouvons identifier les qualités présentes par l'observation minutieuse des caractéristiques physiques de l'arbre, telles que la forme du tronc, l'écorce, les branches, les feuilles et par l'étude de son comportement dans l'écosystème. A chaque rencontre avec l'arbre, notre champ énergétique répond, s'adapte et réagit à l'information contenue dans le sien. En nous accordant ainsi avec sa réalité vibratoire, nous réveillons à l'intérieur de nous, les qualités présentes dans ses rythmes et dans son champ énergétique.

Les qualités de certains arbres ne sont pas absolument compatibles avec l'expérience humaine, mais certaines autres se révèlent capitales pour nos processus de transformation et de guérison. Après de nombreuses expériences personnelles, confortés par les témoignages de nombreuses personnes venues participer à mes stages, nous avons défini pour chaque arbre un profil qualitatif. Le bouleau nous offre une image et des rythmes pleins de douceur. Le hêtre n'est jamais parasité. Les forêts où il pousse ne sont jamais envahies par les ronces. Son rayonnement empreint de sérénité et de force garde tout envahisseur éventuel à distance. L'aubépine s'adapte à chaque situation et lorsqu'elle pousse à proximité d'un autre arbre, elle sait toujours trouver l'espace nécessaire à sa croissance sans avoir besoin de s'appuyer sur les autres et sans se laisser étouffer. Le sapin, un grand arbre majestueux, nous présente un tronc droit et vertical où la fluidité est manifeste. L'églantine, elle, nous enseigne l'ouverture, et le pin qui joue comme aucun autre avec la lumière, nous montre la voie entre clarté et bien-être. Le buis, avec ses mémoires séculaires nous aide à plonger vers nos souvenirs les plus enfouis. Avec ses rythmes très individuels, le noyer nous enseigne l'autonomie. Le genêt, par l'explosion de ses fleurs aux couleurs du soleil, nous apprend, quant à lui, le renouveau.

Les qualités de ces neuf arbres sont un soutien inestimable pour nous aider à traverser chaque phase du processus de maladie ou de crise intérieure, que nous avons détaillées au long du chapitre 2. La manière avec laquelle on peut bénéficier de l'aide de chaque arbre au cours de ces différentes étapes sera détaillée dans le chapitre 5.

Les huiles énergétiques

Dès que les profils énergétiques et qualitatifs des neuf arbres sont devenus clairs, la possibilité d'en transférer l'information vers d'autres substances s'est imposée. L'huile me semblait être un support bien adapté. La complexité de sa structure énergétique m'intéressait, car je la devinais capable de pouvoir «retenir» de larges plages de vibrations, donc, des qualités très différentes, tout en présentant une stabilité dans le temps propice à mon entreprise.

Ensuite, j'ai développé une méthode de transfert d'information, afin d'imprégner l'huile de ces qualités. Avec chacun des neuf arbres, je prépare différentes teinture-mères en laissant infuser certaines de ses parties dans l'huile et dans des émulsions particulières. Rien n'est arraché, ni cueilli, ce procédé se déroule sans aggression ni dommage pour l'arbre. Les teinture-mères sont élaborées lors de périodes choisies et pendant des temps soigneusement contrôlés, alors que les émulsions sont ajustées «énergétiquement» aux rythmes présents dans chaque espèce.

Les teinture-mères sont ensuite incorporées à un volume d'huile végétale de qualité biologique, qui est solarisé, selon des conditions destinées à favoriser la diffusion et l'homogénéité de l'information dans l'huile de base. Durant ce processus, la structure de l'huile de base se transforme, pour s'adapter à celle véhiculée par la teinture-mère. Après quelques heures, on peut observer des modifications de l'huile. Parfois, c'est la couleur de l'huile de base qui change de nuance, allant ainsi, selon les espèces, d'un jaune pâle à un jaune d'or foncé. Dans d'autres cas, c'est un plasma visqueux qui apparaît, dont l'aspect et la texture varient d'une espèce à l'autre (voir p 93). De nombreux utilisateurs ont ainsi été les témoins de détails troublants, comme l'huile qui transpire au travers du verre. D'autres phénomènes inexpliqués montrent à l'évidence qu'une partie de ce qui se passe dans ces huiles dépasse notre entendement et que nous avons encore beaucoup à apprendre à leur sujet.

Utiliser les huiles

Comme nous l'avons rappelé à maintes occasions, notre corps énergétique se met en résonance avec les qualités de l'arbre que nous rencontrons. Lors de l'application de l'huile, un phénomène identique s'amorce, notre corps énergétique réagit à la présence de la nouvelle information et cherche à s'y adapter, soit en se mettant en résonance avec la qualité proposée, soit, plus rarement, en la rejetant et en déclenchant des mécanismes de défense.

Nous avons l'habitude d'évaluer notre état par rapport à des mesures que nous savons être la norme. C'est ainsi que nous apprécions nos concentrations en éléments, en vitamines, en minéraux,...dont nous corrigeons les excès ou dont nous ajustons les carences par un apport extérieur. Cette démarche s'avère obsolète avec des produits qui ne véhiculent pas de substances mais qui sont porteurs d'informations : on ne peut pas absorber 10mg de douceur ou mesurer 150cc d'autonomie. Quelle que soit la qualité que vous souhaitiez développer, celle-ci n'est jamais absente, elle existe déjà en vous, nichée dans quelques recoins de votre être intérieur. Votre ego, dans un souci de contrôle, l'empêche seulement de se montrer. Lorsque vous appliquez une huile, la qualité présente en elle, réveille la qualité correspondante cachée en vous.

Les huiles peuvent être utilisées oralement ou ajoutées à l'eau d'un bain. Mais en général, elles sont appliquées directement sur certaines parties du corps. Dès lors que vous ressentez une douleur ou une sensation physique, c'est l'expression d'un phénomène que vous vivez intérieurement, dans votre corps énergétique. Aussi, il existe toujours un lien entre ce que vous vivez intérieurement et un symptôme physique. En appliquant l'huile sur une zone de douleur ou d'expression d'un symptôme physique, on est sûr de toucher la perturbation correspondante à un niveau plus élevé. Le problème ou le blocage crée des structures perturbées dont on trouve des traces sur le ou les chakras concernés (voir p 44). En appliquant l'huile sur les chakras correspondants, vous envoyez également l'information à la source de la perturbation et vous touchez un aspect particulier du problème.

Dans les pages suivantes, vous trouverez les profils détaillés des neuf espèces et de leurs qualités, ainsi qu'une indication des bénéfices que chacune apportera. Vous pourrez utiliser les exercices des chapitres 3 et 5 pour vous connecter avec les énergies des arbres correspondants ou le faire en utilisant les huiles énergétiques. L'effet de chaque huile est précisé selon le chakra sur lequel vous l'appliquez. Pour vous procurer les huiles, reportez-vous à la page 160.

Un plasma visqueux (page de droite) apparaît après l'incorporation des teintures-mère et la solarisation. (voir p 91).

Bouleau

QUALITÉS :
DOUCEUR,
RÉCONCILIATION.

Le genre bouleau (Betula) compte environ 40 espèces que l'on peut reconnaître à leur écorce, blanche et douce, et à leur feuillage léger et aérien. La délicatesse avec laquelle les branches s'arrangent les unes aux autres confère à sa silhouette une souplesse pleine de douceur. Ses feuilles se portent élégamment dans le vent et en hiver, ses fruits de forme oblongue se suspendent légèrement et ondulent sous l'effet de la moindre brise.

Le bouleau pousse sur des sols légers et sablonneux (Betula pendula), mais certaines familles se développent sur des sols pauvres et dégarnis. Sous les climats tempérés, il est la première espèce d'arbre qui repousse spontanément suite à une violence vécue (tremblement de terre, éruption volcanique, accident nucléaire,...). Toutes ces caractéristiques sont l'expression de la douceur, sans les notions de faiblesse ou de mièvrerie que l'on associe parfois à cette qualité. Sous la délicatesse de l'écorce fine, se cache un bois dur et solide.

S'asseoir sous un bouleau, c'est pénétrer dans une atmosphère aimable et apaisante. C'est un rappel, pour nous, que la vie n'est pas seulement faite de luttes, mais qu'elle peut être également douce et harmonieuse. C'est un endroit idéal pour se souvenir que la vie nous offre aussi des cadeaux merveilleux de simplicité.

LES QUALITÉS DU BOULEAU :

La qualité dominante du bouleau est la douceur, qui s'avère toujours utile pour dépasser nos états de chocs :

● physiques, tels qu'un coup, une brûlure ou une douleur violente.

● émotionnels, dont les nuances vont du désagrément procuré par l'annonce d'une nouvelle déplaisante jusqu'à la peine qui suit le décès d'un être cher.

La douceur du bouleau sera également bénéfique pour nous réconcilier avec nous-mêmes et avec les autres en nous permettant de laisser grandir l'amour et la douceur.

INVITATION DU BOULEAU : S'ACCEPTER POUR SE RÉCONCILIER AVEC LES AUTRES ET GAGNER DE L'ESTIME POUR SOI-MÊME.

LIBÉRER SES TENSIONS

Des douleurs dans les épaules, les mâchoires ou l'estomac sont souvent les effets des tensions dues aux exigences de notre style de vie. La douceur du bouleau procure un allègement des conséquences du stress quotidien.

RÉCONCILIER LE MASCULIN ET LE FÉMININ

La société actuelle, encourage principalement les qualités masculines de lutte et de volonté, alors que les énergies féminines sont dévalorisées. Le bouleau aide à réconcilier ces deux aspects présents en chacun de nous. Il favorise l'intégration de ces deux polarités pour fonctionner plus créativement.

DÉSAMORCER L'ESCALADE DES ÉMOTIONS

Des émotions telles que l'angoisse, la peur ou la colère submergent souvent ceux qui en sont victimes. Nous y réagissons par de la culpabilité ou par davantage d'angoisse et de colère, dans une escalade qui nous fait perdre le contrôle du processus. Le bouleau aide à se remettre en paix avec soi-même et à s'accepter tel que l'on est.

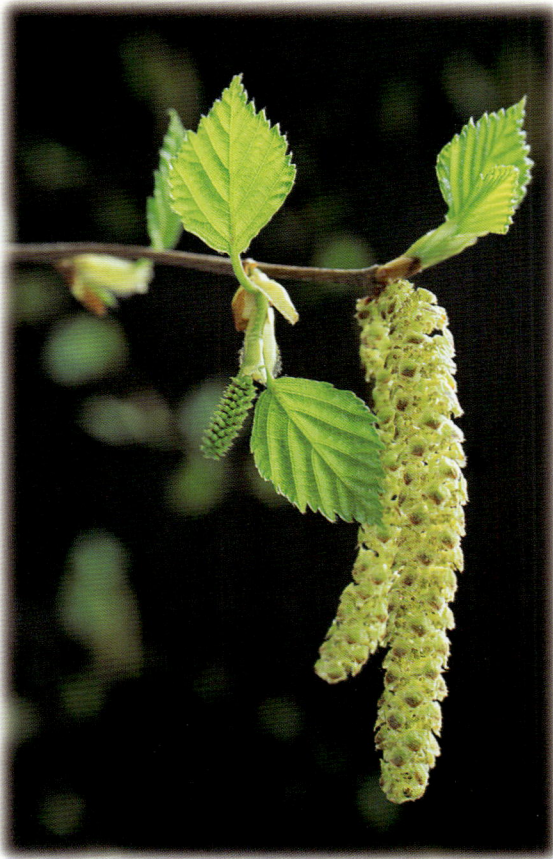

*SE RÉCONCILIER AVEC LE
BERCEAU DE LA VIE*
Chez les femmes, de nombreux
problèmes gynécologiques résultent des
blessures occasionnées par des
expériences passées tels que
avortement, fausse-couche, règles
douloureuses, etc...
La douceur du bouleau aide la femme à
se réconcilier avec son ventre et à
instaurer avec lui une relation nouvelle.

ASSUMER LES CHANGEMENTS
Une opération ou un accident peuvent
occasionner des changements corporels définitifs.
Le bouleau aide alors à accepter son corps dans
son nouvel état.

EFFETS SUR LES CHAKRAS:
Par rapport à un problème, l'huile de bouleau
appliquée sur les chakras, apportera l'aide
suivante :

FRONT
adoucir ses pensées,

GORGE
s'exprimer plus calmement et de manière plus
paisible,

COEUR
guérir des blessures ; bienveillance vis-à-vis de soi
et des autres,

PLEXUS SOLAIRE
adoucir l'effet des émotions,

HARA (2° CHAKRA)
mieux accepter sa vie, se réconcilier
avec ce que l'on est.

DÉPASSER LES LIMITES DE L'EGO
Le bouleau aide à se réconcilier avec l'ego (c'est
en apprenant comment il fonctionne, que l'on
cesse d'en être le jouet) et à laisser ainsi de
l'espace pour que l'être intérieur prenne sa place.

Le Hêtre

Le hêtre (fagus) est un arbre imposant. Son tronc droit, en forme de puissante colonne peut s'élever jusqu'à 45 m.

Il pousse avec une grande vigueur et se montre très résistant. Il dégage de la force empreinte de sérénité, d'assurance et de stabilité.

QUALITÉS :
CONFIANCE, SÉRÉNITÉ.

Ses racines s'étalent mais ne s'enfoncent pas en profondeur, comme s'il n'avait nul besoin de s'accrocher à la terre, mais que sa stabilité provient de sa propre force.

Le hêtre n'est jamais envahi, ni par le lierre, ni par le gui. Sous une hêtraie, pas de ronces, tout au plus quelques fougères clairsemées. La sérénité et la force qui s'en dégagent dissuadent les envahisseurs potentiels. Par contre, cet arbre peut très bien se développer à l'abri d'autres espèces : les autres ne l'empêchent pas de manifester ce qu'il est.

Cette aptitude à éloigner les envahisseurs s'exprime également dans la créosote, un goudron qui provient de son bois, découvert en 1832 par Reichenbach et qui est connu comme un antiseptique puissant.

Rien ne peut venir troubler cette sérénité. D'ailleurs en Lorraine et dans les Ardennes, on croyait qu'il n'était jamais atteint par la foudre.

On retrouve cette notion d'assurance et de confiance dans la nature de son bois qui est dur et solide mais difficile à travailler. D'ailleurs, on ne peut pas lui faire prendre une forme qui n'est pas la sienne.

La force du hêtre provient de son assurance, de la sérénité qui s'en dégage, sans lutte. Nous devons apprendre à devenir puissant comme lui : pour cela, nous devons contacter la source de notre force intérieure qui peut nous aider à affronter chaque situation de la vie avec calme et assurance.

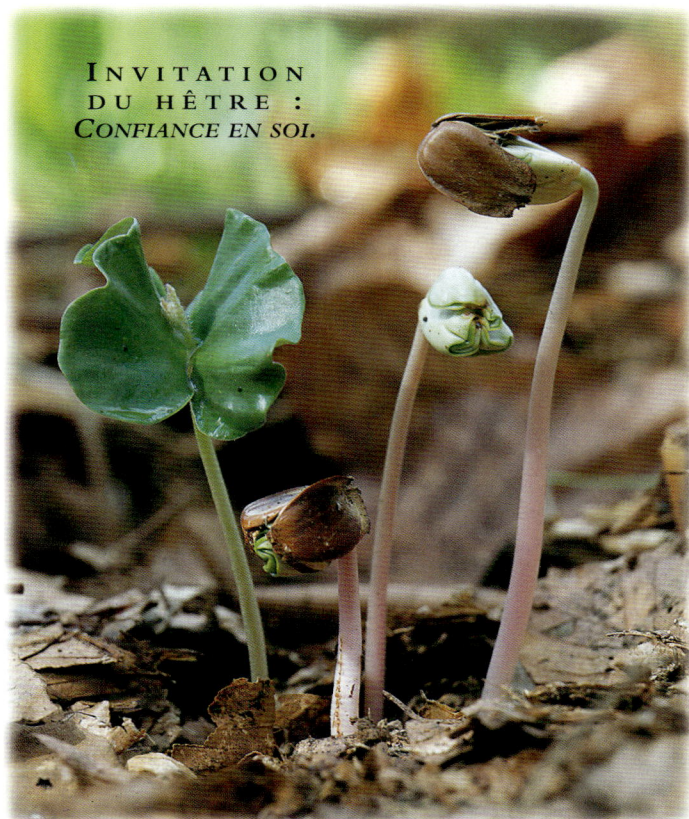

INVITATION
DU HÊTRE :
CONFIANCE EN SOI.

LES QUALITÉS DU HÊTRE:

Notre vie quotidienne est hantée par de nombreuses peurs : peur de la maladie, peur de perdre son emploi, peur de mourir, peur de perdre ses proches, peur de se tromper dans ses choix. Nous sommes prisonnier d'un cercle vicieux dans lequel les peurs que nous ressentons, nous désécurisent, ce qui fait augmenter notre peur. Celles-ci ont un effet dévastateur sur notre équilibre physique et mental.

La qualité de confiance en soi conduit vers la sérénité qui libère des peurs et dégage de l'espace intérieur pour laisser émerger d'autres qualités.

EFFETS SUR LES CHAKRAS

Par rapport à un problème, l'huile de hêtre appliquée sur les chakras, apportera l'aide suivante :

FRONT
développer une pensée sûre et sereine,

GORGE
sentir la confiance pour s'exprimer,

CŒUR
se sentir prêt à aimer et à être aimé,

PLEXUS SOLAIRE
être plus stable émotionnellement,

HARA (2° CHAKRA)
contacter sa force et sa confiance dans la vie.

TROUVER LA CONFIANCE EN SOI

Un manque de confiance en soi pousse à douter de soi et de ses capacités, mais également de la sincérité des autres – le manque de foi dans l'autre n'est que le reflet de nos doutes personnels. Les qualités du hêtre aideront à retrouver de la confiance et du calme mental afin de prendre une décision, de se faire une opinion ou d'agir sans trouble.

TRAITER LES EFFETS PHYSIOLOGIQUES DE LA PEUR

Toute situation qui met en évidence le manque de confiance en soi ou la tendance à se laisser envahir par les doutes et les angoisses des autres peut se traduire par des dérangements intestinaux. Le hêtre favorise un retour à la confiance et limite la perméabilité aux émotions des autres. Des problèmes de gorge qui empêchent celui qui en souffre d'aller vers les autres et de s'exprimer librement peuvent également provenir des blocages d'énergie liés à la peur et au manque de confiance. Les qualité du hêtre apporteront un soulagement.

DÉPASSER LA TIMIDITÉ

La timidité empêche d'être soi-même. Le hêtre aide à se voir plus positivement et à trouver de la confiance.

RENFORCER SES FAIBLESSES

Des faiblesses dans certaines parties du corps peuvent provenir d'une impression de vulnérabilité due à la peur. La médecine Chinoise reconnaît l'impact de la peur sur les reins. Tous ces symptômes de faiblesses trouveront un apaisement ou une amélioration dans le contact avec les énergies du hêtre.

Le Sapin

Le sapin (abies) qui se décline en une cinquantaine d'espèces est un des plus grands arbres d'Europe. Il peut atteindre 50, voire 60 m. Il présente un développement symétrique à partir d'un tronc vertical. Sa croissance est rapide et se fait en hauteur, à partir de la pointe. D'ailleurs il ne porte des cônes, qui sont ses fruits, qu'autour de la cime. S'il arrive que celle-ci se brise, de nouveaux rameaux la remplaceront et la croissance se poursuivra, selon le même rythme et verticalement. La circulation de la sève dans le fut se fait de manière fluide : l'intelligence qui la fait remonter, va du sol vers la cime qui s'élève en flèche. Sa croissance se fait entre la terre où il est enraciné et le ciel où il se développe. C'est par un lien fluide qu'il relie les énergies d'en bas et celles d'en haut.

D'ailleurs, comme un pont entre le ciel et la terre, son tronc est souvent dépouillé. Les forêts où il pousse sont sombres, l'essentiel pour lui se situant dans le fait de relier la terre et le ciel. L'épicéa qui possède bien des similitudes sur le plan énergétique avec le sapin fut longtemps considéré en Europe septentrionale comme l'arbre de la naissance, ce moment privilégié qui relie l'existence céleste avec l'existence terrestre. Les qualités énergétiques du sapin sont l'expression de la fluidité du lien qui relie le haut et le bas, le spirituel et le matériel, l'esprit et la matière.

QUALITÉ :
FLUIDITÉ

LES QUALITÉS DU SAPIN :

La qualité dominante du sapin est la fluidité. Il aide à lever les blocages qui proviennent d'une difficulté de circulation de l'énergie ou des fluides dans le corps physique.

INVITATION DU SAPIN :
LÂCHER-PRISE.

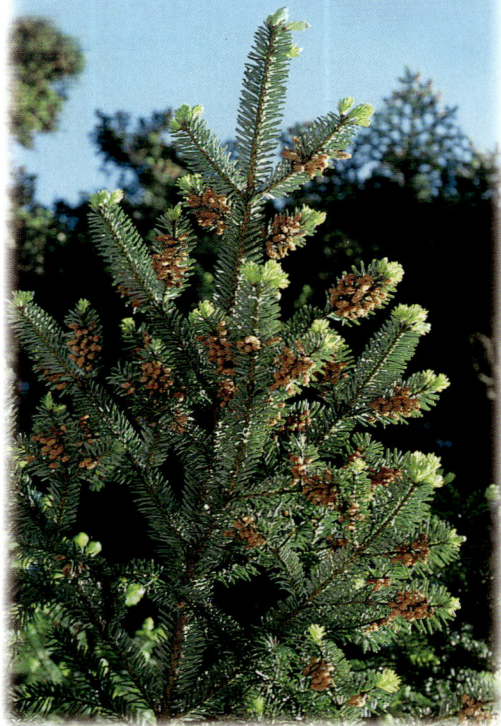

FACILITER LA RESPIRATION

Nos poumons sont plus que des sacs qui s'emplissent d'air et se vident. Notre respiration recèle une trace de nos fonctionnements les plus cachés.

● Une respiration courte, irrégulière trahit souvent un caractère stressé ou anxieux.

● Une respiration avec la seule partie supérieure du thorax montre une prépondérance du mental et une difficulté à vivre profondément les expériences de la vie.

● Une respiration forcée est la marque d'un désir de contrôle, conséquence d'un ego envahissant et de peurs de laisser la vie couler.

L'énergie du sapin apporte un bien être sur deux niveaux : elle aide à libérer la respiration et régularise la circulations des fluides dans le corps.

EFFETS SUR LES CHAKRAS :

Par rapport à un problème, l'huile de sapin appliquée sur les chakras, apportera l'aide suivante :

FRONT

accéder à une dimension plus élevée de soi,

GORGE

laisser l'expression de sa vie couler de manière fluide et naturelle,

COEUR

se relier à son coeur ; exprimer l'amour dans chacun de ses actes,

PLEXUS SOLAIRE

ne plus bloquer ses émotions,

HARA (2° CHAKRA)

se relier à sa source,
laisser la vie s'exprimer en soi.

GÉRER LES ÉMOTIONS

Les émotions fortes ont une incidence directe sur la respiration. Lorsque vous êtes émotionnellement submergé, les qualités du sapin vous aideront à retrouver une respiration profonde et elles diminueront l'effet de ces émotions.

LIBÉRER LES BLOCAGES

Les blocages physiques, tels que sensation de lourdeurs dans les jambes ou difficultés intestinales peuvent être causés par des énergies ralenties ou stagnantes dans le corps énergétique. La fluidité du sapin aide à rétablir une circulation régulière.

Le Pin

Le genre pin (Pinus) est très vaste, il compte plus de cent espèces.

Le Pin est une essence de plein soleil. Ses rameaux vert clair sont très lumineux et son écorce joue pleinement avec la lumière. Si vous assistez à un crépuscule dans une forêt de feuillus où se trouvent des pins, vous constatez qu'ils retiennent la lumière plus longtemps que les feuillus. Alors que ceux-ci ont déjà disparu dans l'obscurité, le pin lui, continue de briller.

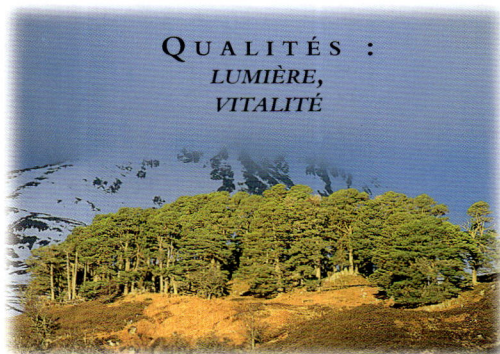

QUALITÉS :
LUMIÈRE,
VITALITÉ

Sur notre plan terrestre, la lumière est la source de la vie. Les aiguilles drues du pin sont, en fait, ses feuilles, ce qui montre à la fois la vigueur de l'arbre et le lien qui existe entre la lumière et la vitalité. La vitalité est également présente dans les cônes du pin qui se développent vigoureusement dans une ascension verticale.

Le pin est hermaphrodite, c'est-à-dire qu'un même arbre porte les fleurs mâles et les fleurs femelles. Il se féconde lui-même : il est porteur de la vie. Attis, le dieu de la fécondité et de la fertilité d'Asie mineure, également honoré en Grèce, était associé au Pin sacré qui mourait et ressuscitait lui-même.

Cet arbre est d'une grande sobriété, il semble vivre de rien. Le sol le plus ingrat, le rocher même, paraît lui suffire. La vie, pour lui, ne provient pas seulement du sol, mais aussi de la lumière. Pour nous aussi, le contact avec la lumière divine est un facteur indispensable à notre développement.

LES QUALITÉS DU PIN :

Les qualités du pin sont la lumière et la vitalité. Il nous aide à sentir la vie en nous et à réveiller notre lumière intérieure.

INVITATION DU PIN :

Y VOIR PLUS CLAIR, REDÉCOUVRIR LA VITALITÉ ET LE LIEN AVEC LA VIE.

ÉLARGIR SES LIMITES

Changer de regard sur les événements.

Notre vie se déroule dans des limites que nous nous imposons et qui sont le reflet de l'étroitesse avec laquelle nous nous considérons. C'est cette manière étriquée de sentir la vie en nous, qui nous pousse à créer des limites.

Les problèmes nous semblent insurmontables, car nous les observons d'un point de vue limité et unique.

Ces limites proviennent souvent de réactions à des situations anciennes que nous tenons pour immuables. Progressivement, nous bâtissons en nous une forteresse dont nous devenons prisonniers. Pourtant, ses murs n'ont que la consistance de l'illusion. Dès que nous laissons la lumière pénétrer les ténèbres de cette citadelle, la situation nous apparaît sous un jour nouveau et nous entrevoyons la liberté et l'espace qui nous faisaient défaut.

Le pin nous aide à trouver la lumière dans ces situations de limitations où tout semble noir et sans issue.

Par rapport à un problème, l'huile de Pin
appliquée sur les chakras, apportera l'aide
suivante :

FRONT

éclaircir ses idées, y voir plus clair,

GORGE

manifester sa joie de vivre
et s'exprimer plus clairement,

CŒUR

se sentir vivant,

PLEXUS SOLAIRE

alléger le poids des émotions,

HARA (2° CHAKRA)

sentir la vie en soi ; se vitaliser.

SE RECONNECTER AVEC LA VIE

De nos jours, nous dépensons beaucoup d'énergie
avec des idées ou des inventions qui n'ont plus de
rapport avec le «vivant». Nous sommes
prisonniers des abus de l'ego, prompts à
catégoriser et à étiqueter, à définir et à classer les
événements et les gens : bien, pas bien, bon et
mauvais etc... Tout cela nous coupe de l'essence
de ces gens, de ce qui est vivant en eux et nous
prive de voir dans chaque situation une invitation
à grandir. Lorsque nous sommes dans une
situation sans espoir et que la force de vie semble
nous avoir abandonné, il existe toujours une
autre réalité de nous-même qui veille et nous
guide. Nous devons juste apprendre à la
reconnaître et à lui laisser de l'espace.
L'énergie du Pin nous rappelle qu'une étincelle
de vie est toujours en nous, même au plus
profond de notre désespoir. Même si nos limites
nous empêchent parfois de voir cette
inextinguible source de vie en nous, celle-ci n'est
pas stoppée.

RENOUVELER NOS ÉNERGIES

La séparation avec la vie, et les limites dans
lesquelles nous nous enfermons, affecte notre
niveau d'énergie et engendre des problèmes
psychologiques ou physiologiques, tels que :
● fatigue,
● faiblesse,
● hypo-fonctionnement de fonctions ou
  d'organes,
● dépression.
Le Pin aide à retrouver de la vitalité et à
entretenir cette énergie renouvelé. En réveillant
la lumière intérieure, il tient éloigné des états
dépressifs.

Aubépine

QUALITÉ :
*ALIGNEMENT,
RECENTRAGE*

L'aubépine (Crataegus) vit plusieurs centaines d'années. Adaptable par nature, elle pousse sans forme particulière. Elle peut se présenter sous la forme d'un buisson, ou sous celle d'un arbre bien épanoui.

Les arbres, dans leur interaction avec les autres, nous montrent deux tendances, soit ils se repoussent mutuellement, soit ils fusionnent dans ce qui paraît parfois être un seul arbre. L'aubépine, elle, nous présente une voie, alternative. Elle n'est jamais parasite et elle ne se laisse pas envahir non plus : elle sait toujours trouver l'espace où elle va pousser et développer sa propre vie, sans avoir ni à lutter, ni à se défendre. C'est cette aptitude à toujours trouver sa juste place qui lui fait prendre les formes les plus inattendues, car, elle s'adapte : certaines sont rondes, d'autres ont une forme d'éventail, certaines poussent en flèche, alors que d'autres rampent. Cette adaptabilité a progressivement donné naissance à des espèces autonomes. On en dénombrait 1100 au début du siècle aux États-Unis. Elles sont maintenant au nombre de 35, les autres étant considérées comme des adaptations mineures et parfois locales.

INVITATION DE L'AUBÉPINE :
ETRE DANS LE PRÉSENT, ÊTRE CENTRÉ.

LES QUALITÉS DE L'AUBÉPINE :
L'aubépine présente une énergie d'alignement. Lorsqu'on se sent tiraillé vers différentes directions, elle permet de se recentrer, pour trouver sa juste place.

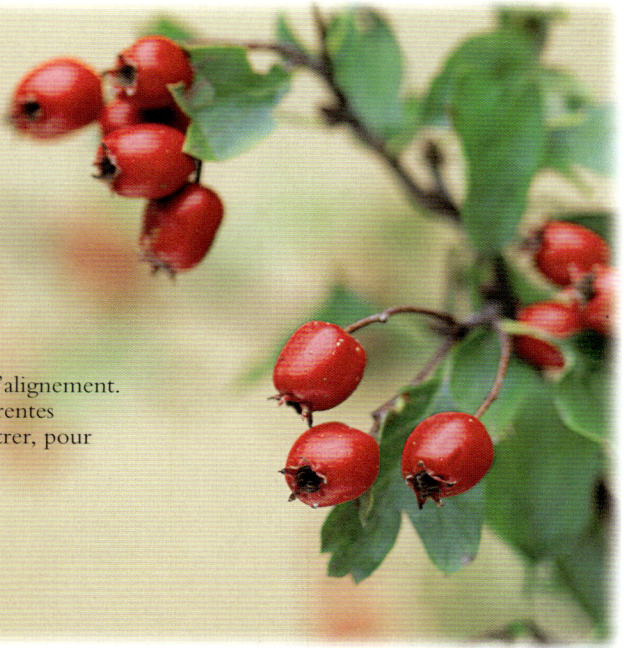

ETRE CENTRÉ EN SOI

Les exigences, parfois excessives, d'une vie quotidienne agitée, nous laissent souvent désorientés, sans que nous ne sachions très bien où nous en sommes. Lorsqu'on est centré en soi, il est plus facile de rester en paix, quoi qu'il arrive. La présence de l'aubépine aide à rester présent à soi-même.

ETRE CHEZ SOI, DANS SON CORPS

Beaucoup d'entre nous ont perdu le contact avec la réalité de leur corps physique en essayant de le conformer aux canons érigés en absolu par la société et véhiculés par la publicité et la mode. Cette séparation nous prive d'un contact authentique avec le siège de notre conscience intérieure et de notre vrai moi.
L'aubépine nous aidera à raffermir cette présence en nous et favorisera le contact avec le corps.

ETRE DANS LE PRÉSENT

Notre mental navigue souvent entre les regrets du passé et les attentes du futur et nous ignorons le présent. C'est pourtant dans la seconde qui s'écoule que nous pouvons avoir ce vrai contact avec la vie et avec la réalité de ce que nous vivons. L'aubépine nous aide à vivre dans l'instant présent.

EFFETS SUR LES CHAKRAS :

Par rapport à un problème, l'huile d'aubépine appliquée sur les chakras, apportera l'aide suivante :

FRONT

concentrer ses idées, ne plus se laisser disperser mentalement,

GORGE

rassembler ses moyens d'expression,

CŒUR

s'aimer soi-même pour mieux aimer les autres,

PLEXUS SOLAIRE

ne plus se laisser disperser par ses émotions et celles des autres,

HARA (2° CHAKRA)

se recentrer, se réaligner.

PRENDRE UNE DÉCISION

Lorsque nous sommes coupés de notre réalité intérieure et que nous sommes confrontés à un problème, nous cherchons à l'extérieur celui qui pourrait bien nous aider, voire prendre en charge nos problèmes. L'invitation de l'aubépine à se recentrer, à écouter la sagesse intérieure, nous aidera à faire des choix propices à notre évolution.

Églantine

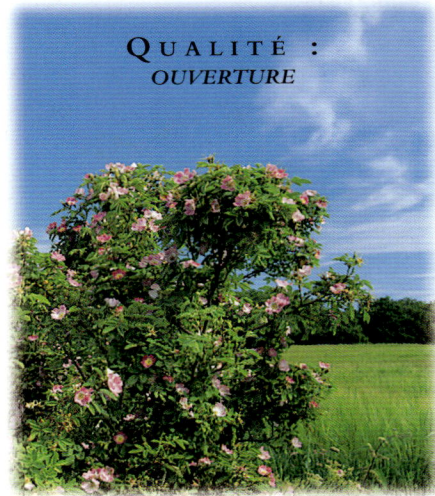

QUALITÉ :
OUVERTURE

Parvenue à maturité, l'églantine (Rosa canina) ne développe pas une structure importante de tronc et de branches. Son «tempérament» se manifeste dans la manière toute particulière selon laquelle les fleurs s'ouvrent.

Les fleurs de la plupart des espèces, après avoir rassemblé leurs forces dans le bourgeon, s'ouvrent pour atteindre un état de maturité dans lequel elles restent pendant plusieurs jours. La fleur de l'églantine, elle, s'ouvre, s'ouvre et s'ouvre encore. Elle continue à éclore, sans jamais s'arrêter jusqu'à ce que ses pétales tombent. Admirez une belle fleur d'églantine. Revenez quelques heures plus tard : ses pétales sont au sol. Toute la magie de cet arbuste tient dans le fait que, malgré des fleurs qui ne durent qu'une journée, il reste fleuri plusieurs semaines. Tout, dans la floraison de cet arbuste, manifeste l'ouverture sans cesse renouvelée.

INVITATION DE L'ÉGLANTINE :
Etre ouvert à soi, pour s'ouvrir aux autres.

LES QUALITÉS DE L'ÉGLANTINE:

Depuis notre plus jeune âge, nous sommes habitués à entendre des jugements du genre : «Tu n'es pas doué pour dessiner» ou «Tu es paresseux». Nous commençons à adopter ces jugements, surtout s'ils proviennent de nos proches ou de nos maîtres. Progressivement, l'idée s'installe en nous et il ne nous vient même plus à l'idée qu'il pourrait en être autrement. Certains de ces jugements se montrent parfois commodes, puisqu'ils nous servent d'excuses et de prétexte pour ne pas assumer certains comportements dont nous sommes peu fiers. Le problème ne tient pas dans le jugement, mais dans les comportements que cela déclenche en nous. Ces croyances nous présentent une image de nous qui nous restreint et nous limite. Les qualités de l'églantine nous aident à nous affranchir de ces limites, en favorisant une ouverture à nous-mêmes.

SE SERVIR DE SES PROBLÈMES POUR ÉVOLUER

Nous avons tendance à nous réfugier derrière des croyances. Cela nous laisse souvent sans ressources lorsqu'un problème surgit. Nous considérons celui-ci comme un événement externe, sans rapport avec notre vie personnelle, dont il faut nous débarrasser au plus vite. Mais un problème ou une maladie sont toujours une invitation à approfondir la compréhension de notre chemin de vie.

L'églantine nous aide à nous ouvrir et à considérer nos épreuves d'un oeil nouveau. Ainsi, ce qui est un problème, aujourd'hui, n'en est plus un, le lendemain.

EFFETS SUR LES CHAKRAS :

Par rapport à un problème, l'huile d'églantine appliquée sur les chakras, apportera l'aide suivante :

FRONT

ne plus se limiter mentalement,

GORGE

s'ouvrir aux autres et pouvoir l'exprimer,

CŒUR

élargir l'amour que l'on manifeste,

PLEXUS SOLAIRE

s'ouvrir à ses émotions,

HARA (2° CHAKRA)

s'ouvrir à soi-même.

RELÂCHER NOS TENSIONS

La fermeture peut se manifester de manières différentes dans le corps :
● bouche pincée et mâchoires rigides,
● front tendu et plissé,
● épaules relevées,
● tensions dans le ventre ou les fesses.

Au lieu de chercher à les combattre, essayez plutôt de prendre conscience des situations qui les déclenchent. Après quel événement, quelle discussion ou quelle pensée ces tensions apparaissent-elles ? Après avoir rencontré quelle personne ? En encourageant l'ouverture à soi, l'églantine développe la conscience de ces fonctionnement. Et, ce faisant, vous serez libéré de leurs conséquences.

S'OUVRIR AUX AUTRES

Selon les stéréotypes auxquels nous sommes habitués, une personne fermée est égoïste, parle peu et dispense ses sourires avec parcimonie, alors qu'une personne ouverte montre le contraire. Mais, ces attitudes ne sont pas des attributs fixes de notre personnalité. Nous pouvons être ouverts à certains moments, avec certaines personnes, dans certaines circonstances et nous fermer quelques instants plus tard. L'églantine encourage l'expression de soi, de son vrai soi, afin de promouvoir des relations plus ouvertes. C'est par l'ouverture à soi que l'on peut s'ouvrir aux autres.

ÉLARGIR SA PERCEPTION DE LA RÉALITÉ

Nous utilisons souvent nos capacités mentales pour décider comment les événements devraient être ou comment on aimerait qu'ils soient. Tous nos problèmes ne sont que des entraves à l'état de béatitude dans lequel nous aimerions baigner. Nous cherchons à éviter la réalité en reportant tous nos espoirs vers le futur ou en sombrant dans les regrets éternels d'un passé révolu. L'églantine aide à trouver l'ouverture authentique, celle qui permet d'élargir l'espace intérieur pour laisser de la place à une perception de la réalité sans complaisance.

Le Buis

Le Buis (Buxus) pousse sous des climats et dans des sols de natures très différentes. Bien qu'il soit classé comme arbuste sub-méditerannéen, on le rencontre aussi bien en Europe centrale qu'au Japon. C'est souvent dans l'enclos des monastères, près des calvaires, des pierres levées ou dans tout autre lieu où s'exerce une activité spirituelle que l'on peut observer les plus beaux spécimens de buis. Cela pousse à constater que cet arbuste a besoin d'un équilibre harmonieux entre les énergies telluriques et cosmiques pour se développer de manière optimum.

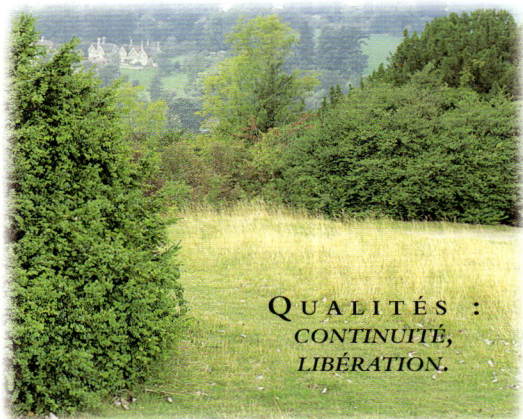

QUALITÉS :
CONTINUITÉ,
LIBÉRATION.

Le buis pousse lentement et peut vivre jusqu'à six cents ans. Il est ainsi devenu un symbole de longévité. Il est hermaphrodite et se renouvelle ainsi lui-même. Ses feuilles restent vertes toute l'année. Mêmes coupées, elles conservent leur couleur de longs mois. Ses fleurs et ses fruits sont si délicats, qu'il semble conserver toujours le même aspect. Cela en fait un symbole parfait de la continuité et du renouveau perpétuel de la nature et de la vie.

Le dimanche des «Rameaux» qui précède Pâques, les Catholiques font bénir des petites branches de Buis. De retour chez eux, ils accrochent ces rameaux sur leurs crucifix comme symbole de la foi qu'ils ont dans la continuité de la vie. Une semaine plus tard, c'est Pâques et la résurrection du Christ en Gloire qui nous montre que la vie est indestructible, qu'elle triomphe de toutes les circonstances.

LES QUALITÉS DU BUIS :

Le manque de foi que nous avons dans la continuité de la vie nous pousse à accumuler des énergies stagnantes, par peur que la vie ne pourvoie pas à nos besoins essentiels. Le Buis, par ses qualités de continuité, nous aide à nous libérer des souffrances passées qui nous ont conduits à développer des attitudes de peur, de doute.

EFFETS SUR LES CHAKRAS :

Par rapport à un problème, l'huile de buis appliquée sur les chakras, apportera l'aide suivante :

FRONT
sortir des pensées obsessionnelles, des «cercles vicieux»,

GORGE
dépasser ce qui bloque l'expression,

CŒUR
se libérer des blessures de l'amour, réapprendre à aimer,

PLEXUS SOLAIRE
se dégager de l'emprise des émotions liées aux chocs du passé,

HARA (2° CHAKRA)
dépasser les blocages les plus enracinés (chocs de naissance, traumatismes,...).

LIBÉRER LE CORPS

Des mémoires d'épreuves passées mal résolues sont souvent la cause de maladies chroniques. L'asthme, l'eczéma, des allergies, des problèmes physiques à répétition, sont souvent les conséquences d'un blocage dans le corps causal. Le Buis aidera à nous libérer du poids du passé et à lever ces blocages.

SE LIBÉRER DES ÉMOTIONS

On se laisse facilement submerger par des processus émotionnels causés par des situations répétitives – le fait de se faire exploiter à son travail, par exemple. Le Buis nous aide à faire un pas vers la compréhension et la libération de ces pièges émotionnels. Les phobies et les frayeurs inexpliquées sont des cas de réactions sans rapport avec l'élément déclencheur qui, vu de l'extérieur, semble être dérisoire. Dans ces situations, également, le buis aidera à une meilleure compréhension des réactions et conduira vers la libération de leur emprise.

SE LIBÉRER DES SCHÉMAS MENTAUX

Notre mental peut être tellement accaparé par des idées fixes que nous n'avons plus aucune liberté intérieure. Ces schémas répétitifs sont comme une prison invisible dont nous sommes prisonniers. Jour après jour, nous entretenons à notre insu ces idées fixes qui, jour après jour, nous apportent leur même lot de désillusions, telles que l'échec de nos entreprises, de nos relations ou nos difficultés financières. Le buis aidera à se dégager de l'emprise pernicieuse de ces idées fixes et de ces schémas répétitifs.

SE LIBÉRER DES MÉMOIRES CAUSALES

Les mémoires de toutes nos expériences passées sont enregistrées dans le corps causal. Toute blessure sur ce plan de réalité affecte les autres corps énergétiques et peut alors créer des problèmes et des douleurs dans les corps mental, émotionnel et physique. Le buis apportera un soulagement des blocages que nous transportons avec nous depuis notre passé le plus lointain.

SE RECONNECTER AVEC SA SAGESSE INFINIE

Nous sommes privés du contact avec l'immortelle force de vie qui, enfouie sous les blessures accumulées tout au long de notre existence, attend patiemment que nous daignions nous tourner vers elle. En aidant à clarifier l'écran interposé entre notre Infinie Sagesse et notre ego, le buis va favoriser ce retour amoureux avec ce qui nous relie à l'éternité.

> **INVITATION DU BUIS :** *SE LIBÉRER DU PASSÉ. SE RECONNECTER AVEC LA CONTINUITÉ DE LA VIE.*

Le Noyer

A l'état naturel, le noyer (Juglans) ne pousse pas en forêt ou en groupe. Il apparaît isolé au milieu d'un champ ou sur le bord d'un chemin. Son indépendance et son autonomie se confirment dans ses rythmes. Tous les arbres suivent le rythme des saisons et le rythme jour - nuit, mais ils possèdent également des rythmes propres d'un niveau plus subtil, qui expriment les variations et les adaptations de l'espèce (voir page 78). Les rythmes individuels du noyer se font selon des séquences qui émettent une énergie puissante et stimulante. C'est en partie la raison qui fait dire à l'expression populaire que l'on dort mal sous un noyer.

La complexité de l'organisation des branches entre elles et sur le tronc montre la manière autonome selon laquelle les rythmes s'expriment dans cet arbre. La noix ressemble au cerveau humain, cet organe qui permet à l'homme de se différencier du groupe pour gagner son autonomie.

QUALITÉS :
AUTONOMIE,
RESPONSABILITÉ.

INVITATION DU NOYER : *PRENDRE L'ENTIÈRE RESPONSABILITÉ DE CE QUE L'ON EST ET DE CHAQUE SITUATION DE SA VIE.*

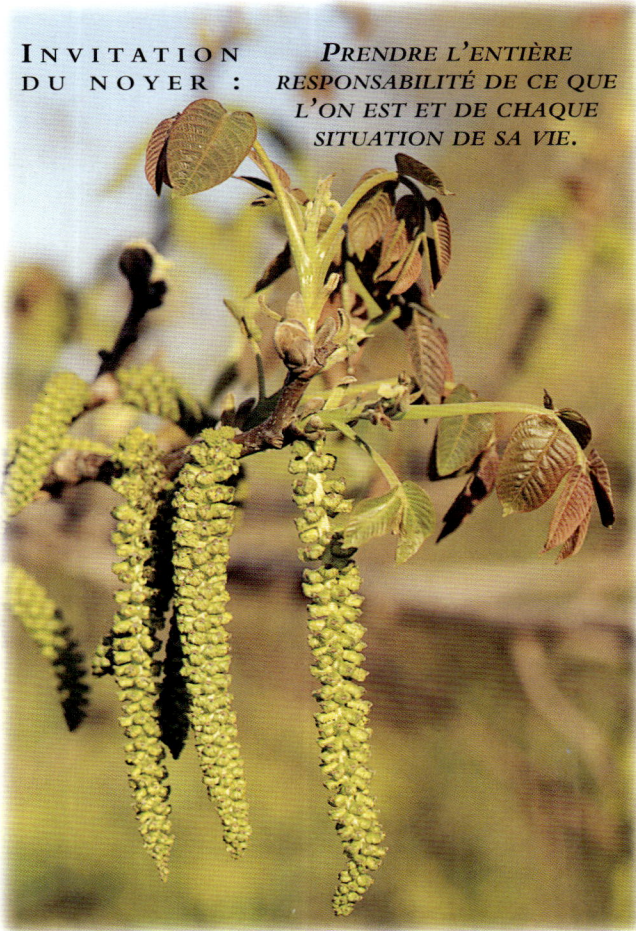

LES QUALITÉS DU NOYER :

Le noyer nous encourage à suivre nos propres rythmes et nos besoins intimes afin de développer le sens de l'autonomie et de la responsabilité.
La véritable autonomie provient de l'intérieur et peut surgir dès que nous nous confrontons de manière responsable avec ce que nous sommes. C'est cette capacité qui nous ouvre les portes de la liberté intérieure. Dès que nous accédons à cette liberté, nous pouvons envisager de prendre aussi la responsabilité du destin que notre Infinie Sagesse nous pousse à choisir.

CHANGER DE PERSPECTIVE SUR LE TRAVAIL

Pour la majorité d'entre nous, le travail est une peine que nous devons supporter afin de pouvoir satisfaire nos besoins matériels. Le noyer va nous aider à lui donner un sens plus large. Nos occupations professionnelles sont l'expression de notre participation à la marche du monde. Cela ne manquera pas d'amener des questions de fond : «A quoi est-ce que je participe ?» «Comment suis-je engagé dans cette aventure ?» «Quelle part de cette marche collective suis-je prêt à assumer ?». Le noyer vous aidera à libérer les énergies nécessaires pour faire face à toute prise de responsabilité et à tout éventuel changement de situation.

EFFETS SUR LES CHAKRAS :

Par rapport à un problème, l'huile de noyer appliquée sur les chakras, apportera l'aide suivante :

FRONT
distinguer l'illusion de la réalité,

GORGE
prendre la responsabilité de ses choix et de ses engagements,

CŒUR
aimer de manière plus responsable,

PLEXUS SOLAIRE
assumer ses émotions,

HARA (2° CHAKRA)
s'engager dans sa vie. Manifester ce que l'on est. Assumer ses choix.

ASSUMER SES ÉMOTIONS :

Les émotions qui polluent nos relations avec les autres proviennent souvent de situations qui se répètent invariablement. L'autonomie signifie que nous les assumons pleinement et qu'à chaque instant nous sommes capables d'affirmer «Pour l'instant, je suis comme ça». Le noyer facilitera le processus de prise de responsabilité par rapport à nos émotions et aux schémas de pensées de chaque instant de notre existence.

SE MOTIVER :

Nourris des qualités du noyer, nous enrichissons notre espace intérieur et nos relations avec les autres s'en trouvent améliorées.
Les changements ne vont pas intervenir avec la brutalité d'un tremblement de terre, mais la réalité quotidienne se déroulera avec un nouvel élan.

DISCERNER RÉALITÉ ET ILLUSION :

Le contact avec le noyer nous aide à retrouver la trace de la réalité. Il va ainsi s'avérer utile quand nous sommes indécis et que nous peinons à comprendre ce que la vie veut nous enseigner. Cette distance que nous prenons, souvent inconsciemment, avec la réalité engendre des problèmes d'irrégularités dans les rythmes du système respiratoire ou cardiaque et de nombreux problèmes psychiques.

Le Genêt

QUALITÉS : *RENOUVEAU ET RENAISSANCE*

Le Genêt (Cytisus) apparaît sous des formes multiples, qui présentent toutes les mêmes caractéristiques inhabituelles. Les feuilles, petites et délicates, poussent sur une tige tubulaire à la structure très primaire. Les rameaux anguleux très durs portent à leur base des feuilles pétiolées, avec trois folioles et, vers le sommet, des feuilles simples et sessiles. Il y a une évolution et un renouveau de la feuille sur le long de la tige.

L'opposition entre la délicatesse des feuilles et l'archaïsme de la tige semble indiquer que celles-ci proviennent de deux espèces différentes qui ont fusionné pour renaître dans le genêt.

Les qualités du genêt sont le renouveau, la renaissance qui s'exprime dans l'explosion solaire des fleurs qui poussent sur les rameaux de l'année précédente. Les racines fixent l'azote gazeux, puis le restituent au sol. Le genêt régénère le sol et l'aide ainsi à renaître. Bien qu'il brûle facilement, ses graines sont indestructibles et il renaît de ses cendres, un peu à la manière du Phénix.

INVITATION DU GENÊT : *RENAISSANCE. INTÉGRER LES LEÇONS DU PASSÉ AFIN DE PRENDRE UN NOUVEAU DÉPART.*

LES QUALITÉS DU GENÊT:
Le genêt se montre utile à chaque fois qu'il s'agit d'effectuer un nouveau départ après une période de changement. La vie nous pousse toujours vers le changement et l'adaptation, soit à travers des circonstances importantes telles que celles qui sont présentées ci-dessous, soit au travers de décisions banales que nous prenons chaque jour pour les affaires courantes. Le genêt aide à intégrer les défis, petits ou grands, qui se présentent à nous.

CHANGEMENTS BIOLOGIQUES

Le premier événement de la vie qui nous fait basculer d'un état vers un autre, c'est la naissance. La puberté est le suivant, cette étape de changement, où l'on réalise soudain que l'on n'est plus comme avant, que bien des choses ont changé. Pour la femme, être enceinte est également une de ces étapes importantes de l'existence qui amène son lot de transformations biologiques à assumer. La ménopause fait également partie des grandes mutations qui ponctuent la vie d'une femme. Pour chacun de ces changements, les aspects que nous rejetons ou acceptons vont créer des empreintes qui conditionnent ce que nous serons pour le reste de notre vie.

LES ÉVÉNEMENTS DE LA VIE

Entre les grandes étapes biologiques de la vie, s'insèrent des événements mineurs qui nous invitent à nous adapter et à nous transformer. C'est le cas du sevrage, de l'apprentissage de la marche, du commencement de la scolarité, de la première relation sexuelle, de la découverte du monde du travail, du mariage, de la naissance des enfants. Chacun de ces événement est une invitation au changement et une opportunité pour grandir.

NOUVEAU DÉPART APRÈS UN CHANGEMENT

Après chaque changement dans votre vie professionnelle, les qualités du genêt vous aideront à prendre un nouveau départ avec toutes vos facultés disponibles.

EFFETS SUR LES CHAKRAS :

Par rapport à un problème, l'huile de genêt
appliquée sur les chakras,
apportera l'aide suivante :

FRONT
assumer la situation,

GORGE
manifester les énergies nouvelles
que je sens en moi,

CŒUR
renaître à la vie et à l'amour,

PLEXUS SOLAIRE
intégrer un choc émotionnel,

HARA (2° CHAKRA)
sentir les énergies nouvelles après une épreuve.

CONVALESCENCE

Le retour des énergies, après une épreuve ou une
maladie, apporte toujours son lot de nouveautés :
nouvel état intérieur, nouvelles qualités ou
facultés, certitude. Pourtant, il existe un état
transitoire important : après une maladie
physique, c'est la convalescence. Après la
maladie, l'angoisse de savoir si nous allons
retrouver notre place «comme avant» nous presse
souvent de retourner au bureau ou à l'usine le
plus rapidement possible. Parfois, c'est le désir
d'oublier au plus vite cette maladie qui va nous
précipiter sur le manège de la vie. Pourtant, pour
que la guérison soit totale, il est important de
savoir prendre du temps pour intégrer ce lot de
nouveautés apportées par la maladie. Les qualités
de renouveau du genêt vont faciliter l'intégration
des nouvelles conditions énergétiques.

LA PEINE DE LAISSER PARTIR CEUX QUI NOUS SONT CHERS

Le genêt apporte son support et son aide
pendant la période qui suit le décès de
quelqu'un de proche, facilitant un renouveau
des énergies qui vous libéreront, vous et celui
qui est décédé.

Chapitre 5

L'Aide que peut nous apporter l'énergie des arbres

Les qualités manifestées par un arbre présentent de nombreuses facettes ; les découvrir passe par une observation attentive et un désir sincère de se porter à leur rencontre. L'exercice prend tout son sens quand on réalise que les qualités de l'arbre réveillent des vibrations similaires en nous. Il nous ouvre alors la voie vers une amélioration de l'état physique, émotionnel, mental et vers une conscience plus fine de notre nature spirituelle.

Affiner l'observation et approfondir le contact avec l'arbre va mettre en lumière le lien entre notre vécu intérieur et notre façon de voir le monde. En allant au-delà des limitations de nos pensées, qui président souvent notre quotidien, nous allons nous rapprocher du destin que notre Infinie Sagesse nous invite à vivre.

Si nous approchons la vie avec cette intention, le désir de vouloir supprimer nos difficultés va se faire moins ardent et nous deviendrons plus libres pour répondre aux différentes invitations et aux défis auxquels nous sommes conviés. C'est le pas initial à effectuer si nous voulons nous réjouir de la sagesse cachée en chacune de nos épreuves et transformer ainsi la vision de notre quotidien.

Si vous désirez établir un contact avec les arbres, la première démarche à entreprendre c'est de vous transporter dans un lieu où il y a...des arbres. Le lieu de rencontre peut être un simple petit bois ou une forêt domaniale. Peu importe. Dès que vous êtes installé, ne gaspillez pas votre temps à regretter votre choix et à penser que l'expérience serait meilleure ailleurs. Avec une attitude de ce genre, vous allez rester prisonnier de vos regrets et vous ne parviendrez pas à établir le contact avec les trésors que l'arbre peut vous offrir. Le but n'est pas de trouver un lieu idéal, mais de vous rendre complétement disponible là où vous vous trouvez. Pour vous placer dans des conditions favorables, appliquez-vous à découvrir, en suivant l'exercice 25, les qualités présentes là où vous êtes.

Trouver les qualités dont on a besoin

Pour trouver un arbre qui va vous aider à cheminer avec un problème particulier, commencez par porter votre attention sur le problème lui-même. Ne pensez pas cette question en terme de finalités. Ne restez pas rivés sur ce qui vous dérange ou sur la recherche d'une solution, mais observez les qualités que vous mettez en oeuvre lorsque vous vous penchez sur le problème. Posez-vous la question, non par rapport aux démarches du passé, mais bien par rapport au présent : «Maintenant que je suis ici, de quelles qualités aurais-je besoin pour faire face à mon problème ?» Si votre réflexion se résume à : «Les autres ne viennent jamais vers moi» demandez-vous comment vous pouvez être plus ouvert et aimable afin que les autres aient envie de venir vers vous. Quelles sont les qualités que vous devez développer pour que cela puisse arriver ?

Dès que vous avez identifié la qualité dont vous avez besoin, passez à l'étape suivante qui consiste à chercher un arbre porteur de cette qualité. Vous aurez, peut-être, déjà rencontré ces qualités dans un arbre lors d'une précédente expérience si vous avez pratiqué l'exercice 26. Il y a une autre approche possible : dès que vous avez identifié la qualité que vous cherchez, laissez-vous guider vers un arbre qui présente cette qualité en effectuant une marche méditative (Exercice 10, p 64).

Point n'est besoin d'avoir un problème urgent à régler pour bénéficier des bienfaits que les arbres peuvent vous offrir. Dès que vous avez découvert la qualité d'un lieu (exercice 25) et celle de l'arbre présent

EXERCICE 25 : *DÉCOUVRIR LES QUALITÉS D'UN LIEU ET D'UN ARBRE :*
Asseyez vous en un lieu qui vous inspire.
Regardez autour de vous, écoutez, sentez les odeurs.

Qu'est-ce que ce lieu réveille en vous ?
Qu'est-ce qu'il vous donne envie de faire ? Vous incite-t-il à la réflexion, à la méditation, à la remise en cause ? A l'action ?
Viendriez-vous ici pour un but précis ? Lequel ?
Avec qui aimeriez vous venir en ce lieu ? Pour y faire quoi ? Pour y partager quoi ?
Comment résumeriez-vous les qualités du lieu ?
Dès que vous avez trouvé la qualité présente dans le lieu, observez les arbres qui se trouvent alentour et essayez de déterminer comment ils participent à la qualité du lieu.

La qualité d'un lieu est souvent plus facile à découvrir que celle d'un arbre. Aussi, l'exercice qui consiste à la découvrir est-il un excellent entraînement pour se préparer à écouter un arbre.

EXERCICE 26 : *DÉCOUVRIR LES QUALITÉS D'UN ARBRE*
Pour avoir une vision claire et profonde des qualités véhiculées par un arbre, vous pouvez poursuivre son observation sur une période d'une année, afin de comprendre comment il traverse les différentes saisons.

❶ *L'INFORMATION VÉHICULÉE PAR LA FORME DE L'ARBRE :*
Détaillez sa silhouette, en hiver et en été, afin de voir comment elle évolue. Comment la décririez-vous ? Souple, solide, imposante, fragile...

❷ *VOS RÉACTIONS À L'ÉGARD DE L'ARBRE :*
Qu'est-ce que cet arbre vous inspire ? Quel sentiment fait-il naître en vous ?
Du respect, de la sympathie, un sens de l'ordre, de la joie, du lâcher prise...

Quel genre de comportement cet arbre vous inspire-t-il ?
Se relaxer, réfléchir, étudier, jouer, plonger en soi...

Qu'est-ce qui vous semble le plus remarquable dans cet arbre ?
Quelles sont les parties qui vous font la plus forte impression ?

Quelle est votre réaction physique face à lui ?
Vous avez envie de partir, de vous mettre debout, de tourner autour, de courir, de rester immobile...

❸ *LES INFORMATIONS APPORTÉES PAR VOS SENS*
Pratiquez les exercices 12 à 17 pour explorer l'arbre à l'aide de vos sens.
Notez les qualités que vous découvrez. Puis choisissez un mot unique, ou la description la plus simple possible qui résume, selon vous, la qualité de l'arbre. Cette recherche peut sembler verbale et un peu artificielle, pourtant, elle est importante, car elle vous permet d'identifier et de coder vos sensations.

❹ *LA QUALITÉ PRINCIPALE :*
Rassemblez maintenant l'ensemble de vos observations et déterminez quelle est la qualité dominante qui émerge.

à cet endroit (exercice 24 et 26) demandez-vous en quoi ces qualités sont importantes pour vous en ce moment. Interrogez-vous sur le besoin de rencontrer d'autres qualités qui complèteraient votre première rencontre. Avec ces demandes présentes à l'esprit, entrez dans une marche méditative (exercice 10, page 64) et laissez votre Sagesse Infinie vous guider vers ces qualités.

Notez également quels sont les arbres qui ne vous attirent pas, quels sont ceux que vous trouvez déplaisants. Cela peut être un indice qui vous renseignera sur les qualités dont vous avez réellement besoin, celles qui vont vous obliger à un mouvement intérieur important. (exercice 27).

Se concentrer sur un problème

EXERCICE 27 : *DÉCOUVRIR LES QUALITÉS DONT ON A BESOIN*

Explorer les réactions négatives que certains arbres peuvent vous inspirer vous renseignera sur certains de vos besoins profonds, pas toujours faciles à assumer.

Quels sont les arbres qui vous semblent inamicaux ou qui vous repoussent ?

Soyez aussi précis que possible lorsque vous cherchez à identifier les aspects de l'arbre qui vous dérangent ou ceux qui n'apportent pas ce que vous espériez.

Qu'est-ce que cela signifie pour vous ?

Qu'y a-t-il dans cet arbre qui réveille en vous des réactions difficiles à assumer ? Quels souvenirs fait-il ressurgir ?

Quelles qualités, vous permettraient-elles de dépasser ces difficultés ?

Où, dans la forêt, pouvez-vous trouver ces qualités dont vous avez besoin ?

Dès que vous avez identifié vos besoins, laissez-vous guider vers eux en entreprenant une marche méditative (exercice 10, page 64).

Vous pouvez également prendre le chemin de la forêt avec un besoin particulier. Il peut s'agir d'une demande pour recevoir plus d'énergie, de clarification, de tendresse, d'apaisement. Quelle que soit votre demande, la forêt peut vous apporter de surprenantes réponses.

Afin de vous ouvrir à l'aide que la forêt pourra vous apporter pour résoudre un problème, restez disponible à l'inattendu. Les exercices 28 et 29 vous guideront peut-être vers des solutions que vous n'attendiez pas.

EXERCICE 28 : *VOIR LES CHOSES AVEC UN REGARD NOUVEAU*

Identifier les qualités dont vous avez besoin pour dépasser un problème vous guidera vers l'arbre qui pourra vous aider.

❶ Dans quel état êtes-vous lorsque vous pensez à votre problème ?
Anxieux, désespéré, fatigué, pressé, en colère, peureux...

❷ Dans quel état pensez-vous qu'il serait souhaitable que vous soyez pour aborder votre problème ?
Confiant, serein, ouvert, optimiste...

❸ Trouvez un arbre qui manifeste les qualités que vous avez identifiées à l'étape précédente. Installez-vous confortablement et baignez-vous de cette qualité en observant ce qui se passe dans votre corps.

❹ Repensez, de nouveau, à votre problème, en restant disponible aux sensations présentes dans votre corps.

Ne restez pas concentré dans le seul but de trouver une solution à votre problème. Essayez, plutôt, de retenir la qualité que vous cherchez. Lorsque vous serez moins absorbé par la seule recherche d'une solution, et que la qualité pourra s'exprimer en vous, vous constaterez que cela vous conduit à poser un regard différent sur votre problème.

EXERCICE 29 : *POSER UNE QUESTION À L'ARBRE*

Suivez les étapes suivantes pour découvrir les solutions que la forêt peut vous offrir.

❶ Formulez une question qui résume les aspects les plus importants de votre problème.

❷ En conservant cette question à l'esprit, laissez-vous guider vers un arbre comme destination d'une marche méditative. (Exercice 10, page 64).

❸ Installez-vous confortablement près de l'arbre.

❹ Fermez les yeux et prêtez attention à tout ce qui arrive en vous.

❺ Ouvrez les yeux et regardez tout ce qui vous entoure, afin de ramener votre conscience dans l'instant présent. Des éléments de réponse à votre question sont là, autour de vous - soit une certitude intérieure inhabituelle, un signe, un symbole, ou des éléments qui sont le miroir de votre situation intérieure.

Ne soyez pas pressé. Si rien n'apparaît immédiatement, les signes se manifesteront peut-être un peu plus tard.

135

S'accorder avec les qualités de l'arbre

Dès que vous avez identifié quel arbre est nécessaire pour vous aider à résoudre votre problème, partez à sa recherche en suivant les étapes 2 et 3 de l'exercice 11 (page 65). Asseyez-vous confortablement à son pied ou à proximité de lui et rendez-vous, intérieurement, disponible à l'expérience. Quand vous êtes prêt, accordez-vous à lui et mettez-vous en résonance avec son énergie. Pour ce faire, utilisez les exercices de la respiration, du son ou du mouvement (exercice 18 - 20, pages 75 - 76).

Vous n'êtes pas totalement privé des qualités que vous recherchez. Chacun possède, à des degrés divers les qualités de sérénité, de fluidité, d'autonomie etc... qu'il recherche. Nous pouvons les bloquer ou avoir de la peine à les laiser émerger car elles sont difficiles à assumer. Lors de la rencontre avec l'arbre, son champ énergétique et le vôtre se rencontrent dans une situation d'équilibre, dans un champ commun. Dès que cet espace énergétique commun est créé, l'information circule entre l'arbre et vous et vous commencez à sentir les qualités de l'arbre se réveiller en vous.

Lorsque vous pratiquez les exercices de la respiration, du son ou du mouvement, vos habitudes mentales et votre volonté peuvent vous empêcher d'être totalement présent et vous risquez d'être déçu de la pauvreté des résultats. Ou, alors, votre mental va projeter des solutions que vous tiendrez pour vraies. Il faut, pour s'affranchir de ce risque, que votre mental soit en alerte, mais avec la seule intention d'observer et non de décider.

Pour tirer tout le bénéfice que vous pouvez attendre de ces différents exercices et déjouer les pièges que votre mental et votre volonté ne vont pas manquer de vous tendre, questionnez-vous. «Comment est-ce que j'envisage le problème actuellement ?» «Quelles sont mes envies par rapport à cela ?», «Comment aimerais-je que la situation évolue ?» Ce sont des interrogations qui vous aideront à prendre conscience de vos attentes. Vous aurez alors un panorama de ce qui est déjà présent dans votre paysage intérieur. Vous devez ensuite vous dégagez de l'emprise de ces réponses et vous rendre libre, afin de rentrer vierge dans l'expérience, sans attente. Si vous parvenez à devenir conscient des pièges décrits ci-dessus, vous aurez fait un pas de géant vers une meilleure connaissance de vous. Vous serez, alors, prêt à retirer des éléments nouveaux de toute expérience avec l'arbre.

Aller plus loin

Après une journée passée dans l'intimité de la forêt, vous reviendrez avec un bouquet de nouvelles connaissances sur vous et sur les arbres avec lesquels vous avez partagé quelques expériences. Mais, les effets de l'expérience ne s'arrêtent pas à l'orée de la forêt. Ils vont se poursuivre, (et vous pouvez les encourager), si vous savez rappeler les états intérieurs que vous avez vécus près des arbres. Lorsque vous êtes dans la forêt et que vous vivez une expérience qui vous semble importante, choisissez quelque chose qui est présent dans ce lieu et que vous allez pouvoir emporter avec vous : ce peut être un morceau d'écorce, un caillou, des graines, un petit morceau de bois, un élément qui, pour vous prendra force de symbole. Il peut également s'agir d'une photographie du lieu, de l'enregistrement de l'ambiance sonore, d'une image mentale, ou d'un mot qui s'est imposé à vous dans ce lieu. L'exercice 30 vous fournit quelques précisions sur la manière avec laquelle vous pouvez utiliser ce symbole pour rappeler certains états intérieurs.

Lorsque vous quittez un arbre avec lequel vous avez vécu une expérience, n'oubliez jamais de le remercier.

Les bénéfices de l'expérience

Ce que vous gagnerez, lors d'un échange avec un arbre, dépend de la disponibilité avec laquelle vous recevrez son message et de l'ouverture avec laquelle vous accueillerez les changements intérieurs que l'expérience ne va pas manquer de déclencher. On peut distinguer trois niveaux dans l'acceptation des changements intérieurs.

Le premier se passe au niveau physique et apparaît souvent assez rapidement. Un mal au dos disparaît, la digestion se libère, une lourdeur dans la tête s'évanouit, après seulement quelques minutes passées contre le tronc d'un arbre. Une telle expérience a souvent lieu au moment où l'on s'y attend le moins : lorsqu'elle se produit, c'est toujours surprenant et cela semble magique.

Le second niveau de réponse est celui du plan émotionnel. Vous arrivez près d'un arbre dans un état de confusion et après un moment passé près de lui, la situa-

EXERCICE 30 :
RAPPELER SES ÉTATS INTÉRIEURS :

Pour retrouver les effets positifs d'une expérience que vous avez vécue dans la forêt, prenez le symbole que vous avez rapporté.

Installez-vous dans un endroit tranquille, propice à la détente.

Observez votre symbole, sentez-le, touchez-le et, progressivement, fermez les yeux. Laissez remonter en vous les impressions visuelles, olfactives, auditives attachées au lieu et qui ont laissé des traces dans votre mémoire.

Prêtez attention à votre respiration, à son rythme et à ses qualités, puis, écoutez les sensations qui sont présentes dans votre corps. Observez cet état intérieur et faites le lien avec ce que vous avez vécu dans la forêt. Si vous pratiquez ce rappel pour travailler sur un problème, pensez-y et constatez le changement de perspective que cela vous offre. Vous pouvez également faire cet exercice, dans le seul but de vous détendre, de vous relaxer.

tion qui vous semblait inextricable vous apparaît sous un angle nouveau.

Le troisième niveau concerne ce qui se passe dans les profondeurs de votre conscience. La rencontre et la résonance avec les qualités de l'arbre vous aident à trouver en vous des forces nouvelles pour aborder les points douloureux de votre existence. Vous pourrez parfois sentir des sensations inconnues, un équilibre intérieur différent, mais sans très bien comprendre de quoi il s'agit. Quelques jours plus tard, confronté à une situation délicate, vous réagirez d'une manière nouvelle. Ce n'est que plus tard que vous comprendrez que ce changement de comportement est l'expression de nouvelles qualités que vous avez développées au contact de l'arbre. (voir le cas ci-contre).

Gérer les émotions déclenchées par l'expérience

Certaines expériences vécues au contact d'un arbre peuvent bousculer les profondeurs de votre psyché. Vous pouvez alors vous trouver dans une situation de confusion émotionnelle qui vous dépasse et qui est délicate à gérer. Assumer ces émotions sera relativement facile si vous vous préparez avant. Conservez présent à l'esprit que le changement n'est pas un processus linéaire, mais que l'histoire d'une transformation s'écrit sous forme d'une spirale. (voir page 55). Il apparaît comme le résultat de ruptures soudaines produisant des sauts d'un niveau vers un autre. Des séquence de vie accompagnées de confusion émotionnelle sont souvent les prémices d'une transformation en profondeur. Ce sont sur les cendres de nos anciennes structures et de nos limites arbitraires que les graines du nouveau peuvent germer. Si, confronté à un problème, vous aviez l'habitude de réagir en «agriculteur» ou en «biologiste», le passage à un comportement intérieur de type «chaman» ou «mystique» peut vous étonner et vous laisser désorienté. Mais, l'étonnement passé, c'est avec bonheur que vous découvrirez que la réalité vous apparaît différente et que vous accédez à une compréhension élargie de la situation sur laquelle vous butiez. Vous pourrez considérer les

TÉMOIGNAGE :
Monique, une thérapeute, recommande l'huile de noyer à une de ses clientes qui ignore tout des énergies des arbres et des huiles. Un mois plus tard, lors du rendez-vous suivant, elle explique qu'elle a appliqué l'huile chaque jour, mais qu'elle n'a rien ressenti de particulier. Lors de la période écoulée entre les deux sessions, elle a pris des décisions importantes, entre autres, celle d'abandonner sa profession de comptable qui ne l'a jamais intéressée, mais qu'elle avait choisie pour plaire à son père. Elle a repris des études pour entrer dans la branche sociale vers laquelle elle a toujours senti un appel.

Quand Monique lui a expliqué les qualités d'autonomie présentes dans le noyer, elle reconnut les qualités qui l'habitèrent lors du mois écoulé, sans avoir soupçonné que l'huile ait pu l'aider de la sorte.

attitudes décrites aux pages 34 - 35 et 40 - 41 comme des panneaux indicateurs sur le chemin de votre transformation : elles vous aideront à faire le point.

Lorsque vous vous reliez à un arbre, il s'établit, entre vous et lui, un champ énergétique commun où se produisent de nombreuses circulations d'informations. Chaque nouvelle qualité que vous expérimentez dans l'échange est présente dans cet espace commun. Bien qu'elle soit à l'état latent, une telle qualité est déjà présente en vous : elle n'est donc pas le résultat d'une pression qui serait imposée de l'extérieur mais celui du réveil d'une partie de vous qui était dans la nuit. Il n'y a donc pas lieu de lutter contre ce changement, car celui-ci est l'expression d'une partie de vous qui devient soudain vivante : c'est en assumant ce changement que vous allez en intégrer tous les bienfaits. Soyez confiant dans votre propre pouvoir de transformation, dans votre force intérieure. Lorsque vous entrez dans une période de trouble, acceptez-la, détendez-vous et laissez votre Infinie Sagesse prendre la direction des opérations. Prêtez également attention à ce que vous vivez dans votre corps et dans votre respiration. Vous ne serez pas long avant de comprendre qu'un nouvel ordre s'installe en vous et que vous êtes de plus en plus souvent dans un état de paix intérieure.

Fantastique, magique, seront les mots que vous serez tenté d'employer pour décrire vos expériences. Vous verrez peut-être des couleurs, des formes, des symboles, vous entendrez une voix ou vous ressentirez une impression profonde de faire partie de la forêt, de ne faire qu'un avec elle. Accueillez ces expériences avec plaisir, sans succomber à la peur, sans tenter de les retenir artificiellement au-delà de ce qu'elles durent. Considérez en quoi elle a nourri votre compréhension de la nature, de vous et de la vie et le sens qu'elle prend dans l'instant où vous la vivez. N'oubliez jamais que deux expériences avec les arbres ne sont jamais identiques (page 74). Si vous partagez l'expérience avec quelqu'un, souvenez-vous que, pour lui, le sens sera peut-être très différent.

Encourager la transformation

Les qualités présentes dans les neuf arbres décrits au chapitre 4 vont s'avérer utiles pour accompagner chaque phase d'un processus de transformation. Ces phases et le détail des qualités sont résumés dans le tableau ci-dessous.

Pour trouver l'arbre qui va vous aider à faire face à un problème particulier, reportez-vous aux pages 56 - 60, pour savoir dans quelle phase vous vous trouvez. Puis à l'aide du tableau, identifiez les qualités qui vont vous aider à traverser cette phase. Si l'arbre correspondant ne se trouve pas dans votre région, utilisez les exercices 24 et 26 (pages 84 et 133) pour en trouver un autre qui présente les mêmes qualités.

ETAPES DU PROCESSUS DE TRANSFORMATION :	RÉACTION :
❶ Le problème apparaît :	je suis étonné, choqué, destabilisé, obligé de considérer le problème.
❷ L'ego résiste :	j'accuse quelqu'un ou des facteurs extérieurs.
❸ Ce que le problème révèle :	mon mental développe une stratégie pour limiter la souffrance.
❹ Expérimenter une attitude différente :	j'identifie le comportement que je peux changer et j'expérimente une nouvelle attitude.
❺ Des nouvelles qualités apparaissent :	le nouveau comportement me semble naturel. Je vois le problème plus objectivement.
❻ La nouvelle attitude change la situation :	la nouvelle façon de voir le problème me procure plus de liberté intérieure.
❼ J'intègre ce qui s'est passé :	je renais, mais je dois encore rester vigilant pour ne pas revenir en arrière vers des comportements anciens.

ARBRE CORRESPONDANT:

QUALITÉS CORRESPONDANTES:

ARBRE CORRESPONDANT:	QUALITÉS CORRESPONDANTES:
Hêtre, Sapin, Bouleau	Sérénité, confiance Fluidité Douceur, réconciliation
Aubépine, Sapin, Buis	Recentrage, alignement Fluidité Libération
Genêt, Noyer, Buis	Renouveau, renaisssance Autonomie, responsabilité Continuité, libération
Sapin, Aubépine, Eglantine, Pin	Fluidité Alignement, recentrage Ouverture Lumière, énergie
Pin, Noyer	Lumière, énergie Autonomie, responsabilité
Buis, Eglantine	Continuité, libération Ouverture
Genêt	Renouveau, renaissance

Faciliter le changement d'attitude

Lorsque nous sommes confrontés à un problème nous avons tendance à réagir selon des processus répétitifs et à adopter la même attitude mentale et émotionnelle. Le contact avec la forêt pourra vous aider à voir le problème sous un angle nouveau, à trouver des solutions plus créatives et à adopter une attitude nouvelle. La forêt pourra s'adresser à vous sous l'une des quatre formes décrites ci-dessous.

Contact avec la réalité vivante de l'arbre

Au milieu de la forêt, parmi les arbres, vous pouvez sentir que la vie est présente tout autour de vous. Les arbres sont silencieux et pourtant, une présence vivante semble vous observer. La première fois que cela arrive, cela est parfois ressenti comme une menace qui vous fait mettre en place les mécanismes de résistance que l'on déploie pour s'opposer à la vie. Mais lorsque cette présence vous devient familière, vous l'accueillez plus facilement. Le fait de découvrir cette présence vivante autour de vous vous procure de la joie et un profond sentiment de plénitude. Lors de cette expérience, la vie en vous prend un sens très réel.

Celui qui vit une expérience de cette sorte voit sa compréhension de son problème et son entendement de la vie modifiés à tout jamais. Ce genre de remise en cause peut intervenir à tout moment, de manière inattendue, en effectuant n'importe lequel des exercices présentés dans ce livre ou lors d'un instant de repos où vous serez adossé contre le tronc d'un arbre.

Cela interviendra alors que vous ne serez pas emmêlés dans vos schémas de pensée habituels. L'exercice 7, de la page 57 vous aidera à libérer votre esprit de ces embarras de pensée.

Révélation

Quand vous posez une question à un arbre (exercice 29, page 135) ainsi que lors de chaque contact que vous aurez avec lui, un espace énergétique commun est créé. L'échange d'énergie qui en découle, procure parfois, un changement soudain dans l'organisation de vos pensées. Cela ouvre alors un espace où de nouvelles idées peuvent s'engouffrer, procurant ainsi une vision nouvelle du problème. L'inspiration qui s'ensuit sera bienvenue pour solutionner le problème.

Métaphore vivante

Lorsque vous entreprenez une marche dans la forêt avec l'intention de résoudre un problème, les situations ou les objets que vous allez rencontrer peuvent prendre une signification tout à fait inattendue. Par exemple, vous allez être stoppé dans votre progression par une zone envahie par les ronces. Plein de détermination, vous allez forcer pour la traverser. Les bras et les jambes scarifiés par les épines et vos vêtements déchirés vous rendent furieux, mais vous voilà contraint à rebrousser chemin. Vous trébuchez alors contre une souche dissimulée par un tapis de mousse et allongé au sol, vous maugréez contre l'auteur de ce livre qui vous a donné cette idée stupide. Mais alors que vous relevez la tête, vous découvrez un passage facile que vous ne pouviez pas apercevoir à partir d'une station debout, obnubilé que vous étiez par votre détermination.

D'une manière analogue, le problème qui vous occupe, possède peut-être une solution évidente que vous ne voyez pas, car vous avez l'habitude de toujours le regarder sous le même angle. Une issue possible apparaîtra peut-être soudainement si vous vous relaxez et restez ouvert à ce que la vie peut vous apporter de bon. Cela peut sembler simpliste, mais quand vous faites ce genre d'expérience et que vous découvrez la relation que tous les évenements ont entre eux, c'est une révélation qui change toutes vos croyances habituelles. Parfois, rien n'arrive, mais cette apparente absence de «signes» possède généralement un sens et constitue un signe en soi.

Symboles

Souvent des éléments particuliers de la forêt peuvent avoir une signifiaction pour vous. Cela peut être le cas d'un amas de branchages qui peut ressembler, à un niveau symbolique, à un problème de votre vie. Si vous travaillez avec un partenaire, comme dans l'exercice de l'aveugle et de son ange gardien, (exerice 15, page 69), vous pouvez tenter de dépasser l'obstacle les yeux bandés. Votre partenaire vous observera et vous expliquera ensuite comment vous êtes passé au travers de cette épreuve. Si vous l'écoutez, ouvert; le parallèle entre votre conduite pour traverser les branchages et celle que vous développez face au problème vous surprendra. Vous y trouverez alors certainement de nouvelles indications concernant votre attitude face au problème.

L'arbre est un miroir thérapeutique parfait

Le thérapeute et l'attitude thérapeutique

Lors d'une consultation avec un thérapeute, ou lors d'une rencontre avec une personne étrangère, il se crée une collusion entre deux champs énergétiques qui reflète la tentative de chacun pour s'adapter à l'autre. Le thérapeute va accueillir le patient dans son propre champ énergétique, c'est-à-dire selon son niveau de conscience. Chaque nouvel événement qui survient dans la séance, telle qu'une question du thérapeute, une émotion de l'un ou de l'autre, l'exploration d'un nouvel aspect du problème, modifie le champ énergétique du patient ou du thérapeute, ce qui fait varier le champ commun. L'exerice 31 vous aidera à prendre conscience de ces changements. L'arbre, lui ne possède ni les références, ni le langage du thérapeute. Par contre, il possède un champ énergétique, porteur d'une information stable. Lors de l'échange avec le thérapeute, l'équilibre provient d'un ajustement à la fois du thérapeute et du patient. Dans le cas de l'arbre cet ajustement ne provient que du patient, l'arbre, lui étant fixe.

Le patient ne peut donc pas compter sur l'arbre pour le comprendre ou pour s'adapter, il est seul en adaptation et il se trouve inéluctablement renvoyé à lui-même.

Dans cette confrontation, soit nous nous mettons en résonance avec cette qualité, soit nous développons tout notre arsenal de défense si nous sommes trop bouleversés. Mais, dans les deux cas, nous sommes renvoyés à nous-mêmes.

Quelle que soit la réponse que nous apportons à cet échange, elle nous permet toujours d'améliorer la compréhension de notre fonctionnement. La qualité de l'arbre nous invite à nous placer sur un plan où les références et les codes de conduite humains n'existent pas. Notre conscience peut alors trouver une liberté sans bornes et considérer nos problèmes sous un jour totalement nouveau. Nous deviendrons plus vivant et cela nous aidera à affiner la résonance avec les qualités de l'arbre.

EXERCICE 31 :
PRÊTER ATTENTION AUX CHANGEMENTS INTÉRIEURS

Le but de cet exercice est de vous aider à prendre conscience des changements qui se produisent en vous quand vous approchez un arbre et que votre champ énergétique s'adapte au sien.

Choisissez un arbre et établissez avec lui un contact visuel. Prenez conscience de ce qui se passe en vous.
Déplacez-vous jusqu'à la moitié de la distance qui vous sépare de l'arbre, arrêtez-vous. Notez les changements de sensation dans votre corps.
Parcourez de nouveau la moitié de la distance qui vous sépare de l'arbre, arrêtez-vous et observez les sensations présentes en vous. Qu'est-ce qui a changé ?

La pratique de cet exercice vous aidera à réaliser comment vous adaptez votre champ énergétique lors d'une rencontre avec une autre personne. Vous prêterez également attention à votre corps et à votre monde intérieur sans attendre que celui-ci vous fasse souffrir pour en comprendre les signes.

Les étapes fondamentales de la transformation

Les neuf étapes suivantes vous aideront à développer des qualités nouvelles face à un problème, plutôt que de lui chercher obstinément une solution. Pour chaque étape, la qualité et l'arbre correspondant sont indiqués.

❶ SE RELAXER

C'est la tâche de base, car les tensions ne conduisent qu'à l'agressivité, à la lutte et ne permettent pas à la Sagesse Infinie de s'exprimer. Cette tâche peut s'apprendre dans le calme d'une forêt tandis que nous prêtons attention à la paix environnante.
En favorisant la fluidité et le lâcher prise, l'huile de sapin, sera fondamentale dans l'apprentissage de cette tâche.

❾ SE MOTIVER

Après avoir pris une décision, vous devez en prendre la responsabilité et entreprendre les actions qui la concrétiseront.
C'est le noyer, avec son énergie d'autonomie, qui va favoriser ce processus.

❽ PRENDRE UNE DÉCISION

Une décision qui sera la célébration de votre destin et vous aidera à grandir doit se prendre dans le respect de soi.
L'intimité de la forêt procure le cadre idéal pour se recentrer et prendre une décision sérieuse.
La qualité de l'aubépine facilitera ce recentrage.

❼ PRENDRE UN NOUVEAU DÉPART

Un passé accepté et intégré est la seule fondation stable sur laquelle on peut bâtir l'avenir – libéré des anciennes blessures et dégagé des schémas anciens.
Aussi douloureux qu'ait été le passé, nous devons le remercier, car c'est grâce aux épreuves que nous sommes ce que nous sommes aujourd'hui.
Les endroits neufs de la forêt, les jeunes pousses de certains arbres pourront nous aider à sentir que la vie ne s'arrête jamais et à stimuler un nouveau départ.
Le genêt et l'huile correspondante sont porteurs de cette qualité de renouveau.

❷ VOIR LA SITUATION PLUS CLAIREMENT

Dès que le stress diminue, la réalité du problème vous apparaît sous un angle nouveau.

En apportant sa lumière, l'énergie du Pin aidera à voir clair sur le problème.

❸ DÉVELOPPER L'ESTIME DE SOI

Apprendre à s'aimer soi-même est important, car c'est dans le secret de son coeur que l'on peut découvrir les richesses de l'amour inconditionnel et déjouer les pièges de l'amour sous conditions. On ne peut pas aimer les autres ou la vie plus que l'on ne s'aime soi-même.

On peut développer l'estime de soi auprès d'arbres qui manifestent l'aspect noble de la douceur sans faiblesse ni mièvrerie.

Le bouleau et l'huile correspondante en sont de merveilleux exemples.

❹ S'OUVRIR À SOI POUR S'OUVRIR AUX AUTRES

L'apprentissage de l'ouverture vers l'extérieur se fera par le développement du contact avec soi-même. L'échange avec l'extérieur deviendra alors la manifestation de l'essence de soi dans toutes les circonstances du quotidien.

L'apprentissage pourra se faire dans la forêt en recherchant des endroits ouverts et en se plaçant en résonance avec eux.

L'huile d'églantine sera une aide précieuse à tout processus d'ouverture.

❺ DÉVELOPPER LA CONFIANCE EN SOI

C'est contacter sa force intérieure et réaliser que l'on peut compter sur elle en chaque situation.

La forêt offre de multiples exemples de force. A vous de trouver celle qui vous correspond le mieux. Apprendre à en reconnaître les nuances est un bon entraînement pour sentir la fragilité de votre confiance en vous.

Le hêtre vous montrera sa force et la confiance qui en découle.

❻ SE LIBÉRER DU PASSÉ

Pour se libérer du passé, nous devons accepter de faire face aux mémoires de nos souffrances conscientes et de laisser remonter celles dont nous avons enfoui le souvenir. Certains endroits magiques de la forêt ont ce pouvoir de nous connecter avec nos profondeurs les plus enfouies. Dans un tel lieu, on ressent toujours beaucoup d'humilité devant la richesse présente.

La présence du buis est une aide unique pour se remettre en contact avec son passé et s'en libérer.

149

Ce qu'un arbre peut améliorer en vous

Les exercices du présent chapitre et ceux du chapître 3 vous offrent des moyens pour rencontrer les arbres et bénéficier de leurs qualités. Il n'est pas toujours nécessaire d'avoir un échange profond pour profiter de leur secours. Etre parmi les arbres pour le seul plaisir peut également apporter un bien-être physique, émotionnel, mental et même spirituel.

Promenez-vous dans la forêt et profitez de chaque moment, de chaque détail, en toute simplicité. Imprégnez-vous de chaque lieu qui vous inspire. Donnez-vous cette liberté de vous asseoir contre un arbre et de profiter simplement de cette chance qui vous est offerte. Etre capable de vivre avec simplicité et joie ces moments de détente et de liberté est tout aussi important que de savoir aller avec sérieux dans la profondeur de ses problèmes.

NIVEAU PHYSIQUE :
SE RECONNECTER AVEC SON CORPS

Quand vous cherchez à vivre intensément les moments passés dans la forêt, comme dans la marche méditative (exercice 10, page 64) vos gestes et vos attitudes perdent leurs automatismes et vous conduisent à améliorer la présence à vous-mêmes. L'acte le plus simple, celui qui consiste à rechercher la bonne position pour vous asseoir au pied d'un arbre vous oblige à prêter attention à vos sensations et à éviter les tensions. Cela vous amène à la conscience de votre manière de vivre dans votre corps.

RELÂCHER LES TENSIONS

Une marche détendue dans la forêt est, en soi, une relaxation qui vous aidera à relâcher les tensions qui empêchent votre corps de fonctionner aussi bien qu'il pourrait. Le contact avec un arbre comme le sapin, qui manifeste une qualité de fluidité peut vous aider à évacuer ces tensions. Le stress affecte plusieurs fonctions : vous pouvez espérer qu'un moment passé au contact des arbres vous apporte une respiration plus libre, une meilleure digestion, un sommeil de meilleure qualité et une diminution de votre fatigue.

RETROUVER LA CONFIANCE DANS SON CORPS PHYSIQUE

Lorsque vous êtes plus présent dans votre corps physique et que votre respiration et vos autres fonctions s'améliorent, vous devenez plus confiant dans vos capacités physiques. Lorsque vous explorez la forêt, vous allez soudain pouvoir dépasser certaines limites physiques. Vous serez surpris de l'aisance avec laquelle vous grimpez aux arbres, ou vous escaladez des pentes abruptes. Ces limites sont souvent imputées à l'âge, alors qu'elles s'avèrent souvent n'être que le fruit d'un conditionnement mental que le contact avec l'arbre aidera à dépasser. Après une telle expérience, vous repartirez revigoré, avec une confiance rajeunie en vos capacités physiques.

NIVEAU ÉMOTIONNEL :
SE LIBÉRER DE PEURS PERSONNELLES ET ARCHAÏQUES

De nombreuses personnes ont une peur profonde de la forêt. L'origine de ces angoisses est à chercher dans l'assimilation symbolique de la forêt avec la profondeur de l'inconscient. Cela se traduit par la peur de se perdre et celle de rencontrer des «dangers» ou des menaces. Pour gagner de la confiance, placez-vous à l'orée de la forêt et cherchez du regard un arbre qui vous semble rassurant. Marchez vers lui, arrêtez-vous près de lui, respirez calmement, jusqu'à ce que vous sentiez vivre en vous les qualités qui sont présentes dans l'arbre et qui vous ont attirées. Quand vous sentez la confiance en vous, répétez le processus avec un autre arbre plus loin dans la forêt. Votre chemin vers le coeur de la forêt sera ainsi balisé par des «repères de confiance». A chaque nouvel arbre, regardez en arrière pour vous assurer que vous saurez retrouver votre chemin avec confiance.

APPRENDRE À VIVRE DANS LE PRÉSENT

Nous pouvons projeter sur la forêt beaucoup d'émotions ou de schémas mentaux, mais, à ce moment-là, nous nous évadons et nous perdons dans des rêveries sans lien avec la réalité. Alors, nous allons nous prendre les pieds dans des branchages ou nous retrouver prisonniers des ronces, ou nous apercevoir que nous sommes assis sur une fourmilière. Autant de petits signes qui vont nous ramener vers la réalité du moment présent.

REDÉCOUVRIR SON ENFANT INTÉRIEUR

Les enfants trouvent dans la forêt un espace où le jeu tient une grande place. Pour l'adulte cela peut devenir un terrain de liberté où ne règne aucune convention, un endroit idéal pour retrouver la spontanéité et la fraîcheur de son enfant intérieur.

NIVEAU MENTAL :
ELARGIR SES PERCEPTIONS

Si vous réalisez les exercices destinés à développer vos cinq sens (Exercices 12 - 17, Chapitre 3), vous découvrirez comment l'élargissement des perceptions permet de faire progresser notre découverte de la réalité. Cette vision élargie vous aidera à trouver de nouvelles perspectives sur des situations qui vous embarrassent. Dans la forêt, tout est calme et la plupart de l'activité mentale provient du mental lui-même. En vous libérant des pensées superficielles (exercice 7, page 57) et en dirigeant votre mental vers la quiétude de la forêt vous trouverez un état de tranquillité et de bien-être.

LES PIÈGES DU MENTAL

C'est notre mental qui gouverne la manière dont nous décodons le monde, car nous évaluons les évenements selon les croyances en vigueur dans notre culture, ou selon les règles de notre éducation. Nous n'avons conscience que des effets visibles de ces croyances, mais nombre de nos comportements sont conditionnés par leur présence dans les profondeurs de notre inconscient. Dans la forêt, il est aisé de détecter ces notions et de reconnaître comment elles affectent la perception que nous avons de nous-mêmes.

NIVEAU SPIRITUEL :
DÉCOUVRIR LA FORCE DE LA VIE

Le contact avec l'arbre nous offre une connection directe avec l'essence de la vie. Manifestement, la forêt est l'expression d'une puissance et d'une majesté qui nous dépassent. Cette dimension spirituelle, cette présence vivante est là, éternelle, dans la forêt et en nous.

SENTIR LE LIEN AVEC LA VIE

Dans la forêt, tout ce que vous apercevez, vous parle du cycle ininterrompu de la vie et progressivement, vous entendez ce qui est vivant en vous. Ce qui est vivant dans la nature provoque un écho en vous, et vous ouvre la voie vers une expérience inoubliable qui vous fera découvrir la présence de la vie.

Ce chapitre nous laisse face aux nombreuses possibilités que l'arbre et la forêt nous offrent à partir d'une compréhension du fonctionnement de la crise et de nos problèmes.

Les qualités de l'arbre apparaissent plus concrètes et plus faciles à découvrir si l'on observe attentivement la forme physique de l'arbre. Bien sûr, aller à leur découverte nous oblige à affiner nos sens et à développer notre intuition. Nous ne saurons saisir la main secourable que la forêt nous tend que si nous savons nous rendre disponible. Cela nous place face à la responsabilité de notre croissance personnelle.

Conclusion

L'approche vivante des arbres présentée dans ce livre peut être bénéfique dans des secteurs aussi divers que l'enseignement, le développement personnel, la thérapie et dans chaque domaine où il y a besoin d'une attitude créative pour trouver des solutions nouvelles aux problèmes que nous rencontrons.

Le contact intelligent avec notre environnement naturel implique un apprentissage par l'expérience. Appliqué à l'enseignement d'autres disciplines, cette approche founirait à l'enfant des repères pour construire son propre savoir et valoriserait des qualités qui ne le sont pas dans notre système trop académique. Cette méthode d'apprentissage encourage la curiosité et pousse l'enfant à aller plus loin dans l'exploration de ce qu'il découvre, car il est en contact avec une réalité vivante. Les enfants peuvent ainsi se pencher sur le lien qui les relie à la nature. Au travers de ce contact, ils peuvent apprendre le respect de leur vie, de celle des autres et de celle présente dans la nature. Ils peuvent également découvrir que la réalité possède de nombreuses facettes, ce qui les conduira à respecter l'expérience des autres et à exercer leur critique sans jugement.

La créativité qu'inspire la nature peut trouver des applications illimitées et si vous entrez dans ces expériences, vous en découvrirez la portée, pour vous, pour les autres et pour les situations dans lesquelles vous êtes impliqués. Ce qui rend ce livre unique, c'est qu'il ne cherche pas à vous livrer des idées recettes ou des solutions prédigérées, mais il vous invite à faire des expériences qui vous aideront à trouver de nouveaux modèles de pensée et à trouver ainsi des attitudes créatives.

Je sens que l'humanité est à l'aube de la découverte d'une nouvelle réalité. La graine de cette évolution commence à germer en chacun de nous et apportera son lot de changement dès qu'elle fleurira. Mon souhait est que ce livre aide ces graines à grandir en chacun d'entre-nous.

Bibliographie

Dictionnaire des symbols, Robert Lafont, Paris, 1969

Flore forestière Francaise tome 1, Idf edition (Ministère de l'Agriculture Français), Paris, 1989

Brahma Kumaris, *Visions of a better world,* A United Nations Peace Messenger Publication, London, 1992

Bross, Jacques, *Les arbres de France,* Plon, 1987

Chase, Pamela Louise and Pawlik, Jonathan, *Trees for Healing,* Newcastle Publishing Co Inc, California, 1991

Coats, Callum, *Living Energies,* Gateway Books, Bath, 1996

Cook, Roger, *The Tree of Life,* Thames and Hudson, London, 1995

Gimbel, Theo, *Couleurs et lumière, sources de santé et de bien-être,* Le Courrier du Livre, 1997

Honervogt, Tanmaya, *Reiki, comment les mains guérissent et harmonisent,* Le Courrier du Livre, 1998

Langer, Ellen, *Mindfulness,* Addison-Wesley, Reading, Massachussetts, 1989

McLean, Dorothy, *To Honor the Earth,* Harper, San Francisco, 1991

Mees, Dr L F C, *La maladie ... une bénédiction,* Les Trois Arches, Chatou, 1987

Mendelsohn, Robert, *How to Raise a Healthy Child ... in Spite of your Doctor,* Ballantine Books, 1987

Milner, J Edward, *The Tree Book,* Collins and Brown, London, 1992

Mindell, Arnold, *Dreambody,* Penguin Arkana, 1982

Paterson, Jacqueline Memory, *Tree Wisdom,* Thorsons, London, 1996

Pearce, Fred, *Turning up the Heat: Our Perilous Future in the Global Greenhouse,* Bodley Head, London, 1989

Popcorn, Faith and Marigold, Lys, *Clicking,* Harper Collins, 1996

Pribram, *Synchronicity,* Bantam Books, 1987

Purce, Jill, *The Mystic Spiral,* Thames and Hudson, London, 1990

Sheldrake, Rupert, *Seven Experiments that Could Change the World,* Fourth Estate Ltd, London, 1994

—*The Rebirth of Nature,* Bantam Books, 1991

Vogt, Nathalie and Michel, *La Foret du Rhin secrète et légendaire,* published by the authors, 1995

Crédits photographiques

p 2, 6-7, 8-9, Alan Watson/Forest Light (FL); p 10-11 David Woodfall/Woodfall Wild Images (WWI); p 13, 14-5, 16 Alan Watson/FL; p 17 Maurizio Biancarelli/WWI; p 21 Ronald Sheridan/Ancient Art and Architecture; p 22-3 *background image:* Science Photo Library; p 22 Alan Watson/FL; p 23 *from top:* Alan Watson/FL, Gaia Books, Steve Austin/WWI, Biophoto Associates/SPL; p 26-7 Steve Teague; p 31 Rob Blakers/WWI; p 34-5, 36-7 Alan Watson/FL; p 38 Kathy Collins/WWI; p 39 David Woodfall/WWI; p 40-41 Deni Bown; p 47 John MacPherson/WWI; p 50, 52-3 Alan Watson/FL; p 57, 58 Gaia Books; p 59 Bob Gibbons/WWI; p 61 Gaia Books; p 62 Mark Hamblin/WWI; p 63, 64-5 Maurizio Biancarelli/WWI; p 67, 71 Alan Watson/FL; p 72-3 Kathy Collins/WWI; p 74 Nigel Hicks/WWI; p 77 Alan Watson/FL; p 80-1 David Woodfall/WWI; p 82-3, 86 Alan Watson/FL; p 88 Deni Bown; p 89 David Woodfall/WWI; p 93 Patrice Bouchardon; p 94 Kathy Collins/WWI; p 95 Niall Benvie/Oxford Scientific Films (OSF); p 96 Deni Bown; p 97 Steve Austin/WWI; p 98 Maurizio Biancarelli/WWI; p 99 Alan Watson/FL; p 100 Hans Reinhard/OSF; p 101 Niall Benvie/OSF; p 102 Deni Bown/OSF; p 103 David Woodfall/WWI; p 104, p 105 *top:* Bob Gibbons/WWI; *bottom:* Deni Bown/OSF; p 106 Niall Benvie/OSF; p 107 Alan Watson/FL; p 108 William Paton/OSF; p 109 Alan Watson/FL; p 110, 111 David Woodfall/WWI; p 112 Deni Bown; p 113 *top:* Steve Austin/WWI; *bottom:* John Robinson/WWI; p 114 Steve Austin/WWI; p 115 David Woodfall/WWI; p 116 Deni Bown; p 118 Bob Gibbons/WWI; p 119 Steve Teague; p 120 Bob Gibbons/WWI; p 122 Alan Watson/FL; p 123 Steve Teague; p 124 Bob Gibbons/WWI; p 125 *top:* John Robinson/WWI; *bottom:* G I Bernard/OSF; p 126 Steve Austin/WWI; p 127 Michael Leach/OSF; p 128 Deni Bown; p 129 Bob Gibbons/WWI; p 130, 131 Alan Watson/FL; p 133-5, 139, 141, 143, 148-9, 152-3 Gaia Books; p 136-7 Steve Teague; p 147, 151 Alan Watson/FL; p 154 Steve Teague. Graphisme p 43 et p 44 par Mark Preston.

Index

Livres déjà parus

chez le même éditeur, dans la même collection :

● ●

9 huiles énergétiques
9 cassettes audio…
pour vous aider à accomplir les neuf tâches fondamentales :

se relaxer : **Sapin**

voir la situation plus clairement : **Pin**

développer l'estime de soi : **Bouleau**

s'ouvrir à soi pour s'ouvrir aux autres : **Eglantine**

développer la confiance en soi : **Hêtre**

se libérer du passé : **Buis**

prendre un nouveau départ : **Genèt**

prendre une décision : **Aubépine**

se motiver : **Noyer**

POUR TOUS RENSEIGNEMENTS COMPLÉMENTAIRES, VOUS POUVEZ CONTACTER :
- en France : Patrice Bouchardon – Le Bourg – 24290 Fanlac
- en Suisse : Monique Fonjallaz – En Bornalet – 1098 Epesses – tél : 021 / 799 25 00
- en Belgique francophone : Harmonies : Alain Wauters – rue A Demeur – Bruxelles – tél : 02 / 539 24 87